FRANZ KLEIN

Steuerreform und Wirtschaft

Wirtschaftspolitische Kolloquien
der Adolf-Weber-Stiftung

Steuerreform und Wirtschaft

Was bringt die Reform den Unternehmen?

Von

Franz Klein

DUNCKER & HUMBLOT / BERLIN

CIP-Kurztitelaufnahme der Deutschen Bibliothek

Klein, Franz:
Steuerreform und Wirtschaft: was bringt d. Reform
d. Unternehmen? / Von Franz Klein. — Berlin:
Duncker u. Humblot, 1987.
 (Wirtschaftspolitische Kolloquien der
 Adolf-Weber-Stiftung; Bd. 15)
 ISBN 3-428-06306-6

NE: Wirtschaftspolitisches Kolloquium: Wirtschaftspolitische Kolloquien der ...

Alle Rechte vorbehalten
© 1987 Duncker & Humblot GmbH, Berlin 41
Satz: Werksatz Marschall, Berlin 45
Druck: Berliner Buchdruckerei Union GmbH, Berlin 61
Printed in Germany
ISBN 3-428-06306-6

Vorwort

Die laufende Steuerreform ist die wichtigste wirtschaftspolitische Maßnahmenserie dieser Jahre. In ihrem Gesamtausmaß ist sie ohne Beispiel in der deutschen Abgabengeschichte. Als Reform für den Bürger wurde sie angelegt, nicht einseitig als „Reform für die Wirtschaft". Doch nur wenn ihre Entlastungen auch den Unternehmen zugute kommen, ist die Wettbewerbsfähigkeit der deutschen Wirtschaft gesichert, können Arbeitsplätze produktiv bleiben, neu geschaffen werden.

Die Adolf Weber Stiftung legt mit diesem 15. Band ihrer Wirtschaftspolitischen Kolloquien die Ergebnisse einer Gesprächsrunde von Vertretern der Wirtschaft und Wissenschaft vor, die Ende Juni 1987 in München stattgefunden hat. Sie wurde eingeleitet durch ein Referat von Professor Dr. Franz Klein, Präsident des Bundesfinanzhofes.

Im Mittelpunkt stand die Entlastung und ihre Finanzierbarkeit, aber auch die nachdrückliche Forderung nach mehr Steuergerechtigkeit, vor allem durch Entkomplizierung des Steuerrechts.

Dies soll ein Beitrag sein zu der so nötigen Diskussion um ein großes Vorhaben — die aber die Steuerreform nicht zerredet.

Adolf Weber Stiftung

Inhaltsverzeichnis

I. Zuviel Staat 9
II. Ungünstige Steuerstruktur 10
III. Steuerkomplizierung 11
IV. Die Steuerpolitik der Bundesregierung seit 1982 und ihre Ergebnisse — der Dreistufenplan 12
V. Bewertung der Maßnahmen 15
VI. Ausgangspunkt der Überlegungen 17
VII. Das Loch von 19 Milliarden DM 19
VIII. Steuervereinfachung — Steuergerechtigkeit 22
IX. Steuervereinfachung — unsozial? 24
X. Durch Vereinfachung zu mehr Gerechtigkeit 27
XI. Bestimmung nach der Leistungsfähigkeit 28
Anlagen 30

Zusammenfassung der Aussprache 34
1. Steuerreform — die notwendige große Entlastung 34
2. Steuervereinfachung als Entlastung? 37
3. Die Subventionsmisere 40
4. ... und doch kein Subventionsabbau? 41
5. Verbreiterung der Bemessungsgrundlagen — eine größere Lösung? 43
6. Wünsche der Wirtschaft 45
7. Finanzierung der Reform durch indirekte Steuern? 47
8. Oder Finanzierung durch Neuverschuldung? 49
9. Entlastung auch ohne Ausgleich? 50
10. Der Segen der leeren Kassen 52

I. Zuviel Staat

Von 1969 bis 1982, der Zeit der sozial-liberalen Koalition, die der erste Bundeskanzler dieser Koalition, Willy Brandt, unter das Thema gestellt hatte „Mehr Demokratie wagen", ist die Staatsquote, also der Anteil der Staatsausgaben am Bruttosozialprodukt, von 39 % auf rund 50 % angestiegen. Man kann heute sagen, es wurde nicht mehr Demokratie, sondern mehr Staat gewagt. Am Ende dieses Experimentes wurden mehr als 2 Millionen Bürger nicht mehr von der Wirtschaft, sondern als Arbeitslose vom Staat bezahlt.

Jeder Prozentpunkt bedeutet ein Mehr an Staat in der Größenordnung von 17 Mrd. DM. In den wirtschaftlich besonders erfolgreichen Ländern wie den USA, Japan und der Schweiz liegen die Quoten mit gut 30 % wesentlich niedriger als bei uns, weil man dort, im Gegensatz zu Deutschland und den anderen Ländern mit hohen Staatsquoten, vom mündigen Bürger ausgeht und das System der Zwangsversicherung nur sehr beschränkt kennt.

Es liegt auf der Hand, daß die Staatstätigkeit in unserer Republik zurückgeführt werden muß, wenn die Belastung unserer Bürger und Betriebe mit Steuern und Sozialabgaben nicht ins Unerträgliche wachsen soll. Die jetzige Bundesregierung hofft, den Staatsanteil bis Ende der 80er Jahre auf unter 45 % senken zu können. Im Jahre 1987 hofft die Bundesregierung den Staatsanteil auf nahezu 46 % herunterzuschrauben.

Die Abgabenquote, also der Anteil der Steuern und Sozialversicherungsbeiträge am Bruttosozialprodukt, ist von 34,4 % im Jahre 1970 auf 39,8 % im Jahre 1984 gestiegen. Auch hier weisen die USA, Japan und die Schweiz deutlich niedrigere Quoten auf. Sie liegen alle bei 30 %. Es muß aber angemerkt werden, daß die Steuerquote allein von 1952 bis 1986 nur eine Abweichung von 0,1 % zeigt, mit einem höheren Ausschlag in der Zeit der sozial-liberalen Koalition von etwa 1 %.

Bei dieser Ausgangslage ergab sich für die Finanzpolitik der Bundesregierung fast zwangsläufig die Doppelstrategie, einerseits die öffentlichen Ausgaben zu begrenzen und die Neuverschuldung zurückzuführen, andererseits die gewonnenen Spielräume zielstrebig für leistungs- und wachstumsfördernde Steuererleichterungen zu nutzen. Nur so können wir die internationale Wettbewerbsfähigkeit erhalten und den Bürger zur Leistung anregen.

Der Anstieg der Abgabenquote ist weit überwiegend auf die Entwicklung der Sozialversicherungsbeiträge zurückzuführen (vgl. Anlage 1).

Daß diese Entwicklung nicht außer Kontrolle gerät, vor allem die Kostenentwicklung im Gesundheitswesen, gehört deshalb wohl noch lange Zeit zu den großen Sorgen der Politik. Nur wenn der Einzelne auch hier kostenbewußt wird, kann der Teufelskreis durchbrochen werden.

II. Ungünstige Steuerstruktur

Daneben ist die Grenzbelastung bei der Lohn- und Einkommensteuer, wie auch die Gesamtbelastung der Unternehmen, zu einem großen Problem geworden (siehe Anlage 2).

Die Steuerstruktur wurde durch jede Anpassung verschlechtert, weil man die Progression bis 1982 stets verschärfte, obwohl auch über 50 % der Arbeitnehmer bereits im Progressionsbereich besteuert wurden. Obwohl der Einkommensteuertarif von Zeit zu Zeit angepaßt wurde, ist der Anteil der Steuern vom Einkommen am Gesamtsteueraufkommen durch die Verschärfung der Progression von 40,7 % im Jahre 1970 auf 48,5 % im Jahre 1985 gestiegen. 1 % Lohnerhöhung ergab 1,8 % mehr Lohnsteuer.

Beides, die höheren Sozialabgaben und die hohe Lohnsteuerlast, hat den Abstand zwischen Nettolöhnen der Arbeitnehmer und Belastung der Unternehmen durch Löhne und Lohnnebenkosten im Laufe der Jahre vergrößert. Heute sind die Lohnnebenkosten bis auf 10 % an die Höhe der Lohnkosten selbst herangekommen.

Die Folgen für Beschäftigung und Wachstum wiegen schwer. Die hohen Löhne, einschließlich der Lohnnebenkosten, haben zu einer verschärften Rationalisierung geführt. Für den Arbeitnehmer selbst lohnt offizielle Mehrarbeit immer weniger. Notwendige unternehmerische Investitionen unterbleiben, wenn dem Investitionsrisiko keine Aussicht auf angemessene Erhöhung des verfügbaren Einkommens gegenübersteht. Im Bereich der besonderen Unternehmensbesteuerung tragen auch die Körperschaftsteuer, die Gewerbesteuer und die betriebliche Vermögensteuer zu dieser negativen Entwicklung bei.

Ein zu hohes Niveau der direkten Abgaben führt nicht zuletzt zu verstärkter Schattenwirtschaft und steuerlich veranlaßtem Fehlverhalten. Daß die Grenzbelastung des Lohnes durch Steuern und Abgaben zu hoch ist, zeigt der Umstand, daß man unangenehme Arbeit, nämlich Sonntags-, Feiertags- und Nachtarbeit, steuerlich begünstigen muß.

Am Anfang der Bundesrepublik Deutschland hatten wir mit einem Verhältnis der direkten zu den indirekten Steuern von rund 50 : 50 eine aus finanzpolitischer Sicht ausgewogene Steuerstruktur. 1985 betrug der Anteil der direkten Steuern 59,1 %, der Anteil der indirekten Steuern am gesamten Steueraufkommen nur 40,9 %. Die Verbesserung der Steuerstruktur gehört deshalb zu den wichtigen Aufgaben der Steuerpolitik und der Steuerreform.

III. Steuerkomplizierung

Im Laufe der letzten Jahrzehnte ist das Steuerrecht immer komplizierter und undurchschaubarer geworden, so daß man jetzt von einem Steuerdschungel oder Steuerchaos spricht. Die Steuer wurde in immer größerem Maße für außerfiskalische Zwecke eingesetzt mit der Folge, daß inzwischen zuviele Sonderregelungen, Vergünstigungen und Freibeträge unser Steuerrecht zu Lasten der Bemessungsgrundlage kennzeichnen. Ein Vergleich der Belastungen ist wegen der vielen Ausnahmen und Subventionen kaum mehr möglich. Selbst die Koalitionsvereinbarung über die Steuerreform, die davon ausging, daß 19 Mrd. DM durch Abbau von Subventionen und Ausnahmen gedeckt werden sollen, hat es für notwendig erachtet, mit der Anhebung sonstiger familienbezogener Freibeträge, Verbesserungen des Vorwegabzugs für Vorsorgeaufwendungen und Verbesserung der Sonderabschreibungen für kleine und mittlere Betriebe nach § 7g EStG, diese Ausnahmen auszubauen. Als besonders krasses Beispiel für diese Entwicklung sei das Stabilitäts- und Wachstumsgesetz aus dem Jahre 1967 genannt, das die ihm zugedachte Rolle als Konjunktursteuerungsinstrument im übrigen nie hat erfüllen können.

IV. Die Steuerpolitik der Bundesregierung seit 1982 und ihre Ergebnisse — der Dreistufenplan

Die Steuerpolitik der Bundesregierung muß daher darauf gerichtet sein, das Steuerrecht leistungs- und wachstumsfreundlicher zu gestalten sowie zu vereinfachen. Außerdem ist für die Familien eine Lösung zu finden, die deren besonderen Belastungen auch steuerlich gerecht wird. Hier sind wesentliche Schritte eingeleitet.

Die Maßnahmen der Bundesregierung und des Bundestages haben dazu geführt, daß vom Staat über die Steuern nur mehr 23,10 % des Bruttosozialproduktes in Anspruch genommen werden. Das sind 1,3 % weniger als zur Zeit der sozial-liberalen Koalition. Hinzu kommen jedoch sonstige Abgaben, insbesondere die Sozialabgaben und steuerähnliche Abgaben, wie z. B. der Kohlepfennig, der alles andere nur kein Pfennig ist (siehe Anlage 5). 8 Mrd. DM fließen aufgrund von Bundesgesetzen in Sonderhaushalte, inwieweit das noch mit Art. 110 GG zu vereinbaren ist, bedarf dringend einer Untersuchung.

Die Ausgaben des Staates und der öffentlichen Körperschaften, die 1982 noch 50 % des Bruttosozialproduktes betrugen, sind heute bereits auf 46,1 % gesunken. Aber auch heute noch gilt der Satz: Was an Einnahmen fehlt, wird über Kredite beschafft. Eine Zwischenbilanz der Maßnahmen der Bundesregierung zeigt, daß grundlegende Weichen in der Steuerpolitik gestellt worden sind.

Der im Herbst 1982 von der Bundesregierung angekündigte steuerliche Dreistufenplan ist verwirklicht worden. Er hat Erleichterungen gebracht, aber leider die Undurchschaubarkeit des Steuerrechts nicht wesentlich beseitigt. In der ersten Stufe wurden durch das Haushaltsbegleitgesetz 1983 insbesondere die ertragsunabhängigen Gewerbesteuerbelastungen zurückgeführt, befristete Steuererleich-

IV. Die Steuerpolitik seit 1982 und ihre Ergebnisse

terungen für die Übernahme insolvenzbedrohter Unternehmen geschaffen und ein erweiterter Schuldzinsenabzug beim selbstgenutzten Wohneigentum eingeführt.

In der zweiten Stufe wurden mit dem Steuerentlastungsgesetz 1984 die Vermögensteuer auf Betriebsvermögen gesenkt, der Verlustrücktrag verdoppelt und Sonderabschreibungen für mittelständische Betriebe sowie für Forschungs- und Entwicklungsinvestitionen eingeführt.

Mit dem Steuersenkungsgesetz 1986/1988 wurde drittens das wichtigste steuerliche Vorhaben der letzten Legislaturperiode verwirklicht.

a) Durch eine allgemeine Tarifsenkung wurde insbesondere die Steuerprogression gemildert. Im unteren Bereich der Progressionszone, also bei Ledigen zwischen 18.000 und 60.000 DM, bei Verheirateten zwischen 36.000 und 120.000 DM zu versteuerndem Einkommen, stiegen die Grenzsteuersätze bisher besonders stark an. Hier lag folgerichtig der Schwerpunkt der Progressionsmilderung.

b) Wer Kinder hat, wird bei gleichem Einkommen künftig deutlich weniger Steuern zahlen als derjenige, der keine Kinder hat. Die geminderte steuerliche Leistungsfähigkeit von Eltern mit Kindern wird stärker im Steuerrecht berücksichtigt. Deshalb wird der 1983 neu eingeführte Kinderfreibetrag von 432 auf 2.484 DM angehoben. Alle Einkommen- und Lohnsteuerzahler, also Arbeitnehmer und Wirtschaft, werden in zwei Stufen 1986 und 1988 um insgesamt 19,4 Mrd. DM entlastet, ohne daß auf der anderen Seite Steuern erhöht werden. In der ersten Stufe 1986 wurden vor allem Bezieher kleiner und mittlerer Einkommen und die Familien mit 10,9 Mrd. DM entlastet. Dies wird bewirkt durch Anhebung des Kinderfreibetrages, der Ausbildungsfreibeträge und des Haushaltsfreibetrags für Alleinstehende mit Kindern sowie Einbeziehung bestimmter Ehegatten in die Kinderbetreuungskostenregelung, die für die Alleinerziehenden bereits durch das Steuerbereinigungsgesetz 1985 eingeführt wurde.

c) Ferner sind folgende allgemeine Entlastungen zu nennen: Anhebung des Grundfreibetrages (§ 32a Abs. 1 Nr. 1 EStG) von

IV. Die Steuerpolitik seit 1982 und ihre Ergebnisse

4.212 DM auf 4.536 DM, bei Ehegatten von 8.424 DM auf 9.072 DM.

Anhebung des abziehbaren Höchstbetrages für Unterhaltsaufwendungen nach § 33a Abs. 1 EStG.

Verdoppelung des Höchstbetrages beim Realsplitting und Gewährung eines Abschlags auf die Absenkung der Tarifprogression.

Für Bürger ohne Kinder setzt die Steuersenkung erst 1988 voll ein. Dann wird der Hauptteil der Progressionsabflachung mit einem Entlastungsvolumen von zusätzlich 8,5 Mrd. DM wirksam. Diese Maßnahmen sind schon Gesetz. Durch das Steuersenkungserweiterungsgesetz 1988, das noch vor der Sommerpause beschlossen wurde, wird die zweite Stufe des Steuersenkungsgesetzes 1986/1988 „aufgefettet". Insgesamt geht es um ein weiteres Entlastungsvolumen von 5,2 Mrd. DM, das auf der sogenannten „Louvre-Zusage" von Bundesfinanzminister Stoltenberg anläßlich des Finanzministertreffens der großen Industrieländer Ende Februar 1987 in Paris beruht. Schwerpunkte dieses Gesetzes sind: Weitere Erhöhung des Grundfreibetrages, weitere Entlastung im Progressionsbereich, Erhöhung familienbezogener Freibeträge und eine Ausweitung der Sonder-AfA für Kleinbetriebe nach § 7g EStG. Letztere Maßnahme ist ein Schönheitsfehler. Er erfolgte, um Schlimmeres, nämlich die von Bayern geforderte steuerstundende Investitionsrücklage, zu vermeiden.

Der größte Brocken ist die für 1990 vorgesehene Entlastung von brutto rund 39 Mrd. DM, für die es bisher die Koalitionsvereinbarung gibt, in der folgende Eckwerte bereits jetzt festgeschrieben wurden: Nochmalige Erhöhung des Grundfreibetrages und des Kinderfreibetrages; Verkürzung der unteren Proportionalzone bei gleichzeitiger Senkung des Proportionalsteuersatzes von 22 % auf 19 %; Linearisierung der Progressionszone, also Beseitigung des berüchtigten Mittelstandsbauches; Senkung des Spitzensteuersatzes bei der Einkommensteuer von 56 % auf 53 %, bei gleichzeitiger Absenkung des Einkommens, bei dem der Spitzensteuersatz beginnt, um 10.000 DM bzw. 20.000 DM; Erhöhung des Vorwegabzugs für Vorsorgeaufwendungen auf 4.000/8.000 DM (Ausgleich dafür, daß bei Arbeitnehmern die Arbeitgeberanteile zur Sozialversicherung und die übrigen Lohnnebenkosten nicht der Steuer unterliegen); Senkung des Thesaurierungssteuersatzes bei der Körperschaftsteuer von 56 % auf 50 % (zu den Kennzahlen der Einkommensteuertarife 1986 in den größten Industriestaaten der Welt vergleiche Anlage 3).

Man kann sagen, daß nach dieser Tarifreform im Einkommensteuerrecht Deutschland eine ausgeglichene Mittellage hat.

Die Finanzierung der Steuerentlastungen, die 1986 und 1988 in Kraft treten, erfolgt aus dem Haushalt. Bei der 1990er Stufe handelt es sich dagegen um eine Bruttoentlastung, die zu einem Teilbetrag von rund 19 Mrd. DM durch Subventionsabbau sowie Verbreiterung der Bemessungsgrundlage und, falls nötig, durch Erhöhung indirekter Steuern finanziert werden soll. Dieser Teil der Finanzierung ist noch offen. Beschlüsse zum Subventionsabbau und eventuell zur Erhöhung von Verbrauchsteuern sollen erst im Herbst dieses Jahres, also frühestens im Oktober, bekanntgegeben werden. Erst dann ist auch mit einem Gesetzentwurf des Bundesfinanzministeriums zur Realisierung der letzten Stufe der Steuerentlastung zu rechnen. Alle diese Maßnahmen betreffen auch die Wirtschaft, denn die Einkommen- und Körperschaftsteuer ist auch für die Wirtschaft die bedeutendste Steuerbelastung.

V. Bewertung der Maßnahmen

Wenn man berücksichtigt, daß die Steuerentlastungen 1986 und 1988 mit den ab 1990 wirksamen Steuersenkungen zusammen netto ein Entlastungsvolumen von ca. 44 Mrd. DM bewegen, das Gesamtentlastungsvolumen bei den direkten Steuern brutto bei 63 Mrd. DM liegt, so ist dies eine Summe, die gewaltig zu Buche schlägt. Eine solche Steuerentlastung hat es in der Bundesrepublik Deutschland seit ihrem Bestehen noch nicht gegeben. Man kann verstehen, daß der eine oder andere verantwortliche Politiker, ich nenne hier die Ministerpräsidenten Rau, Albrecht und Späth, und daß die Gemeinden gegen die Höhe der Entlastungen Bedenken haben. Sie sind aber, wie Bundesfinanzminister Stoltenberg auf die Kritik sagte, zu tragen und auch durch eine zeitweise höhere Neuverschuldung zu rechtfertigen, weil sie konjunkturpolitisch sinnvoll und nötig sind. Nur ein Diktat der leeren Kassen zwingt zum Sparen und zum Abbau der Bevormundung der Bürger wie zur Anerkennung ihrer Freiheit und Mündigkeit.

Diese Steuerentlastung zwingt aber auch dazu, daß man genauso eisern die steuerlichen Ausnahmen beseitigt, die bei Einführung der hohen Steuertarife notwendig waren, um diese hohen Tarife für alle Bürger akzeptabel zu machen. Der Steuerdschungel, den alle Begünstigten so lieb gewonnen haben, muß gelichtet werden.

Ich darf hier erwähnen, daß das Handelsblatt am 11. März 1987 aus dem Blickpunkt der Wirtschaft die Beschlüsse zur Steuerentlastung 1990 nicht von ungefähr als das Schmuckstück der Koalitionsvereinbarungen bezeichnet hat. Ihr Glanz wird aber vollständig, wenn für 19 Mrd. DM Ausnahmen fallen, und ich füge hinzu: Wenn das nicht reicht, können auch noch mehr fallen.

Das wichtigste an diesen Koalitionsvereinbarungen aber ist, daß sich die Koalitionsparteien auf ein Steuerrecht festgelegt haben, das die Unternehmen für ihre Planungen berücksichtigen können. Sie geben den Unternehmen für ihre finanziellen Dispositionen eine Perspektive. Sie wissen, daß man nicht, wie es einmal eine andere Koalition zu Beginn ihrer Arbeit auf die Fahnen schrieb, die Belastbarkeit der Unternehmen prüfen, sondern vielmehr den Unternehmen mehr Freiraum schaffen will, um unternehmerische Entscheidungen zu erleichtern. Daß das alles nach dem Wunsche der Unternehmen wie auch nach dem Wunsche der Bürger nicht ausreicht, daß man gerne noch mehr hätte, ist bei der Steuer nicht zu verwundern. Man soll aber auch bedenken, daß ein zivilisierter Staat Steuern braucht. Nur im Urwald gibt es keine Steuern und im Steuerdschungel zahlen auch einzelne keine Steuern.

Ich möchte Ihnen aber noch ein weiteres sagen, das vielleicht dem einen oder anderen von Ihnen gar nicht so recht gefällt. Ich bin der Meinung, daß unsere Steuerlast im allgemeinen nicht zu hoch ist. Wer aber keine Ausnahmen und Vergünstigungen in Anspruch nehmen kann und deshalb die Steuersätze und Steuertarife voll spürt, der hat ein unerträgliches Steuerrecht, und nur von dort her kommen die Klagen. Der Staat sollte in der Einkommen- und Körperschaftsteuer alle Ausnahmen streichen, die Sätze könnten dann um 50 % gesenkt werden und man erhielte trotzdem noch das gleiche Aufkommen. Wer einzelne Ausnahmen streicht oder kürzt, bekommt Ärger. Diejenigen, die die steuerlichen Ausnahmen in Anspruch nehmen, haben heute schon Bedenken, daß das neue Steuerrecht ihnen eine höhere Steuerlast auferlegt, als sie vorher hatten. Gleichheit in der Besteuerung muß das Ziel sein.

VI. Ausgangspunkt der Überlegungen

Ausgangspunkt aller Überlegungen über eine Reform unseres Steuerrechts muß ein Vergleich im internationalen Rahmen sein. Wir leben in einem freien Land mit einer freien Wirtschaft, die Konkurrenz durch die Weltwirtschaft spürt. Wir sind auf die Ausfuhr angewiesen wie kein anderes Land der Welt. Kein anderes Land der Welt führt prozentual so viel aus wie wir. Absolut liegt nur Japan in der Ausfuhr höher. Wenn man zunächst einmal die Steuerquoten, die Abgabenquoten und die Staatsquoten vergleicht, lassen sich nur Gesamteinnahmen und Gesamtausgaben vergleichen. Dieser Vergleich liegt Ihnen in den Anlagen 1, 2 und 4 vor.

Sie ersehen daraus, daß Dänemark die Steuerquoten anführt, Spanien ist das Schlußlicht. Im Vergleich der Steuerquoten liegt die Bundesrepublik Deutschland schon 1985 durchaus auf gemäßigtem 12. Platz. Der Anteil der gesamten Steuerlast am Bruttosozialprodukt ist somit keineswegs überdurchschnittlich hoch. Wer sich allerdings einer solchen Rechtfertigung bedient, um die These von der Wettbewerbsschädlichkeit des deutschen Steuersystems zu widerlegen, verkennt die Tatsache, daß es ganz wesentlich auf die Steuerstruktur ankommt.

Die Steuerquote muß weiter ergänzt werden um die Sozialquote, d. h. um die Belastung, die sich aus den Sozialversicherungsbeiträgen ergibt und die in der Addition zur Steuerquote die Abgabenquote ausmacht (Steuern und Sozialversicherungsbeiträge in Prozent des Bruttosozialprodukts zu Marktpreisen). Denn natürlich wird in einem Land die Steuerquote höher sein, das aus dem Steueretat auch noch, im Gegensatz zur Bundesrepublik Deutschland mit ihrem selbständigen Sozialversicherungssystem, die Sozialleistungen finanziert. Aussagefähiger ist für die Belastung der Vergleich der Abgabenquoten.

Steuer- und Abgabenquote allein sagen aber nichts darüber aus, wer diese Steuern und Abgaben trägt, sagen insbesondere nichts aus über die Belastung der Unternehmen. Es gibt Länder, wie z. B. Schweden, die bei einer hohen Abgabenquote ihre Unternehmen ausgesprochen milde behandeln, weil sie in ihnen die Quelle des volkswirtschaftlichen Wachstums und Reichtums sehen, die sie nicht verstopfen wollen. Auch die Schweden wollen die Kuh nicht schlachten, die sie noch melken wollen. Eine mittlere Steuer- und Abgabenquote bedeutet also durchaus nicht eine schonende Behandlung der Unternehmen. Deren Steuerbelastung muß gesondert untersucht werden, nach Durchschnitt wird niemand besteuert, die Last ist individuell verteilt.

Und endlich ist noch die Staatsquote zu vergleichen, das ist der aus Steuern und Krediten finanzierte Anteil der Staatsausgaben am Bruttosozialprodukt. Es kann sein, daß ein Staat seine jetzigen Wähler nicht mit Steuern belasten will, sondern die Deckungsbeiträge zu seinem Unterhalt von den kommenden Generationen einfordert. Würden sich die Staaten einer ordentlichen doppelten Buchführung bedienen, so würde der Buchungssatz dann eben heißen: „Staatsausgaben an Verbindlichkeiten". Es ist zu bedenken, daß bei hohen Staatskrediten die Kredite für die Unternehmen sehr verteuert werden. Sie brauchen bloß in den Börsenzettel einer großen Zeitung zu schauen, so werden Sie sehen, daß in den letzten beiden Jahren der sozial-liberalen Koalition der Zinssatz für die Staatsdarlehen über 10 % lag. Das bedeutet für Unternehmen, daß sie zwei Punkte mehr, also 12 bis 13 % Zinsen für Kredite zahlen mußten. Heute ist der Zinssatz um 50 % niedriger, weil der Staat 50 % weniger Kredite als damals aufnimmt. Aber auch die Unternehmen, das sei angemerkt, nehmen nicht einmal ein Drittel ihrer damaligen Kredite auf. So hat sich ihre Ertragslage doch deutlich verbessert.

Sie ersehen aus der Ihnen vorliegenden Tabelle über die Abgabenquote, daß die Bundesrepublik schon im internationalen Vergleich auf den 10. Platz vorgerückt ist. Vergleicht man nun noch die Staatsausgaben im Prozent des Bruttosozialprodukts, so sehen Sie, daß die Bundesrepublik hier schon auf dem 6. Platz der internationalen Rangliste liegt. Bei allen diesen Übersichten ist übrigens eine Tatsache erstaunlich: Die Bestätigung des Gesetzes von der sich stetig ausdehnenden Staatstätigkeit; es umzukehren ist die große Aufgabe einer Regierung, die auf Freiheit statt auf Bevormundung der Bürger setzt. Die Schweiz und die USA sind hier ein Beispiel.

VII. Das Loch von 19 Milliarden DM

Die Frage, die sich nun nach den Koalitionsbeschlüssen stellt, ist: Wie kann das Loch von 19 Mrd. DM gestopft werden.

In der Vergangenheit — und hier handelt jede Koalition gleich — sind derartige Löcher immer wieder durch Steuererhöhungen, insbesondere bei der Umsatzsteuer, gestopft worden. Ich entsinne mich noch gut, wie die sozial-liberale Koalition das Loch durch Senkung der Vermögensteuer über eine Umsatzsteuererhöhung abdeckte und das noch als soziale Tat verkaufte.[1] Gerade das aber möchte ich hier nicht empfehlen, weil wir die Umsatzsteuer sicherlich brauchen, wenn wir wirklich einmal an eine europäische Steuerharmonisierung herangehen und dabei auch die Gewerbesteuer und Vermögensteuer in Angriff nehmen. Sie ersehen das allein daraus, daß in Frankreich die Steuern auf das persönliche Einkommen in Prozent des Bruttoinlandsprodukts 5,80 % betragen, in Deutschland aber 10,81 % ausmachen, also fast das Doppelte.

Auch sollte die Nettokreditaufnahme des Staates nicht auf Dauer erhöht werden, weil dadurch letztlich der notwendige Kreditrahmen für die Wirtschaft eingeengt wird. Im Rahmen einer Steuersenkung kann man das auf Zeit tolerieren.

Ich plädiere vielmehr für einen Abbau von steuerlichen Ausnahmen, wie ich sie einmal in dem sogenannten Gaddum-Plan[2] vorgeschlagen habe. Die steuerlichen Ausnahmen im Einkommensteuerrecht sind eingeführt worden bei Anspannung des Tarifs und der Steuerbelastung; sie sind nur verständlich aufgrund der stetigen

---

[1] Vgl. Bundesfinanzminister Apel in der 445. Sitzung des Bundesrates vom 6. Mai 1977, S. 82.
[2] Vgl. dazu Gaddum, Steuerreform: Einfach und gerecht!, Verlag Bonn-Aktuell 1986.

Erhöhung der Einkommensteuersätze. Wenn man aber, wie es die Koalitionsvereinbarung will, die Einkommensteuer im Tarif senkt, sollte man die im Zuge der Erhöhung der Einkommensteuer geschaffenen steuerlichen Ausnahmen — ich sage bewußt Ausnahmen, nicht Subventionen — beseitigen und sollte zu einer Vereinfachung des Steuerrechts kommen. Dann kann man den Tarif noch erheblich senken, den Grundfreibetrag verdoppeln und hat doch keine höheren Ausfälle.

Als Beispiel wird immer die Vereinfachung der Grunderwerbsteuer genannt. Das Grunderwerbsteuergesetz 1983 hat das bisher stark zersplitterte Grunderwerbsteuerrecht in der Bundesrepublik Deutschland vereinheitlicht und wesentlich vereinfacht. Durch die Reform sind insgesamt weit über 100 bundes-und landesrechtliche Gesetze und Rechtsvorschriften aufgehoben bzw. für die Grunderwerbsteuer gegenstandslos geworden. Das bisherige Übermaß unterschiedlicher Steuerbefreiungen wurde drastisch abgebaut. Zum Ausgleich dafür wurde der Steuersatz von bisher in der Regel 7 % auf einheitlich 2 % gesenkt. Dadurch trat eine wesentliche Verwaltungsvereinfachung ein, obwohl sich die Steuerfälle um 400 % erhöhten. Die Klagen und Einsprüche gingen nicht um die Höhe der Steuern, vielmehr darum, ob jemand unter die Ausnahmen- und Sonderregelungen fiel oder nicht. Diese wurden weitgehend beseitigt. Auch im Einkommensteuerrecht muß im Zuge dieser Steuerentlastung Steuervereinfachung durchgeführt werden, sonst kommt es nicht zu einer Steuerreform, sondern es bleibt bei einer bloßen Tarifreform. Die Lage für eine Steuerreform war noch nie so günstig.

Weltweit ertönt heute der Ruf nach Vereinfachung des Steuerrechts, nach Beseitigung der vielen Komplizierungen und Unebenheiten. Die Vorschläge von Präsident Reagan zur Steuerreform, die inzwischen Gesetz geworden sind und bei uns bis in die kleinste Tagespresse hinein aufgegriffen wurden, zeigen, daß dies möglich ist. Zunächst wurden diese Vorschläge auch für Deutschland als beispielhaft hingestellt. Im Handelsblatt vom 6. Mai 1987 war erstmals die Überschrift zu lesen: US-Steuerreform kein Vorbild. Nach einer Untersuchung der Dresdner Bank, die in dem Aufsatz im Handelsblatt besprochen wurde, soll die Reagan'sche Reform ein zu grobes Raster für das Steuerrecht darstellen. Ich glaube dennoch, daß die

VII. Das Loch von 19 Milliarden DM

Grundidee der Reagan'schen Steuerreform für uns beispielhaft sein kann, nur lagen in den USA die Ausnahmen und Befreiungen wesentlich bei den Unternehmen.

Wir können die Steuerreform der USA nicht kopieren, aber der Grundsatz „Weg mit den Ausnahmen und Befreiungen" hat auch bei uns seine Gültigkeit und muß einer gleichmäßigen Besteuerung nach der Leistungsfähigkeit weichen.

Was unsere Lage von der amerikanischen völlig unterscheidet, ist aber, daß die Koalitionsvereinbarung davon ausgeht, 25 Mrd. DM seien durch die Steuerreform an Entlastungen möglich, während die USA eine aufkommensneutrale Reform durchführen mußten, wegen ihres hohen Haushaltsdefizits.

Ich hielte es für fatal, wenn man sich bei uns nur für eine Tarifreform und eine Senkung der Steuersätze bei der Einkommen- und Körperschaftsteuer, zum Ausgleich für das dann entstehende Loch aber für eine Erhöhung bestimmter Verbrauch- und Verkehrsteuern, nicht jedoch für eine Bereinigung des Einkommen- und Körperschaftsteuerrechts entscheiden würde. In der Vergangenheit sollte das Steuerrecht über seine Komplizierung „Steuergerechtigkeit im Einzelfall" schaffen, in Wirklichkeit schafft es Steuerunrecht. Man mißachtet den alten römischen Satz: „Summum ius — summa iniuria".

Alle Staatsziele sollen über das Steuerrecht erreicht werden — von der Wirtschafts- und Sozialpolitik über die Kulturpolitik sowie die Familienpolitik bis hin zur Umweltpolitik (Kraftfahrzeugsteuergesetz) — statt sich auf die einheitliche Funktion des Steuerrechts, die Einnahmeerzielung (§ 3 Abs. 1 Abgabenordnung) zu besinnen. Die Folge davon ist: Das Steuerrecht wird durchsetzt von steuerlichen Vergünstigungen und Sonderregelungen, die die hohen Steuersätze tragbar machen sollen. Die Besteuerungstatbestände werden ausgehöhlt durch systemwidrige Ausnahmeregelungen, vielfach ist die Regelung gar nicht mehr erkennbar. Die Ausnahmen dominieren. Dies erschwert die Rechtsanwendung und belastet die Arbeitsabläufe. Steuerpflichtige und ihre Berater, Verwaltung und Gerichte sind überlastet.

VIII. Steuervereinfachung — Steuergerechtigkeit

Daher: Steuergerechtigkeit und Steuervereinfachung müssen wichtigstes Ziel der Steuergesetzgebung und des Besteuerungsverfahrens werden, und es ist richtig, daß sich die Bundesregierung das Einkommen- und Lohnsteuerrecht und das Körperschaftsteuerrecht als erstes Problem in der Prioritätenskala vorgenommen hat.

Rund drei Viertel aller Beschwerden betreffen das Einkommen-, Körper- und Lohnsteuerrecht. In der Tat ist kein Einzelsteuerrecht so kompliziert wie diese Rechtsgebiete, so schwer zu durchschauen. Das hat wegen des großen Kreises der Betroffenen — 24 Millionen Bürger — zudem besonderes Gewicht. Das geltende Einkommensteuergesetz z. B. mit seinen Durchführungsverordnungen füllt ein dickes Buch von fast 350 Seiten. Allein das Gesetz hat 119 Paragraphen, davon 67 mit a, b oder c und weiteren Buchstaben bezeichnete Ergänzungsparagraphen. Die Richtlinien zum Einkommensteuergesetz enthalten über 450 Nummern. Aber diese Paragraphenflut sagt noch nicht alles.

Hinter den einzelnen Paragraphen verbergen sich oft lange Listen mit weiteren untergegliederten Absätzen. Beispielsweise werden in § 3 des Einkommensteuergesetzes nicht weniger als 68 steuerfreie Einnahmen aufgelistet. Sogar diese große Zahl von Ausnahmeregelungen ist nicht erschöpfend; denn in § 3a und b werden die Steuerbefreiungen bestimmter Zinsen und bestimmter Zuschläge zum Arbeitslohn gesondert aufgezählt. Vor fast 2000 Jahren sagte Tacitus: „Früher litten wir an Verbrechen, heute an Gesetzen."

Im Paradies brauchte man nur eine Vorschrift, daß man nämlich vom Baum der Erkenntnis nicht essen dürfe. Moses erhielt nur 10 Gebote, die Römer kamen mit 10 Tafeln aus, die jeder römische Bürger auswendig kannte. Der erste Jahrgang des Reichsgesetzblatts enthielt schon 413 Seiten und das Bundesgesetzblatt im Jahre 1985 z. B. umfaßt sage und schreibe in Teil I und II über 3000 Seiten.

Die 10 Gebote kamen mit 169 Worten aus, die amerikanische Unabhängigkeitserklärung mit 300 Worten, allein § 19a EStG hat über 1 000 Worte und Zeichen.

Gaddum (a.a.O.) hat darauf hingewiesen und ausgeführt: Die Steuerformulare und -urteile sind ein Spiegelbild dieser Steuerge-

VIII. Steuervereinfachung — Steuergerechtigkeit

setze: Je umfassender das Einkommensteuerrecht, desto verwirrender die Fragebögen des Finanzamts.

Die Gesetzesflut ist der Hauptgrund dafür, daß die Bürger die Steuerformulare nicht mehr verstehen können. Wer die Steuerformulare nicht begreift, kann auch nicht alle Möglichkeiten entdecken, die ihm eine Steuerersparnis einbringen.

Die Ungewißheit, ob wirklich alle Steuervergünstigungen ausgenutzt werden, bereitet Unbehagen. Fast alle Steuerpflichtigen fühlen sich überfordert und benachteiligt. Nicht jeder kann sich seine Steuererklärung von einem Steuerberater vorbereiten lassen.

Die Zahl der Streitfälle vor den Finanzgerichten und dem Bundesfinanzhof nimmt aus diesen Gründen ständig zu. Da die Finanzgerichte überlastet sind, vergehen oft Jahre, bis die Steuerschuld endgültig geklärt ist. In der Zwischenzeit sind vielleicht die Steuergesetze, Durchführungsverordnungen und Richtlinien mehrfach geändert worden. Das trägt zu steigender Rechtsunsicherheit bei. Rechtsunsicherheit wiederum erhöht den Steuerwiderstand. So geht das Vertrauensverhältnis der Bürger zu ihrem Staat allmählich verloren.

Sehr gravierend ist aber auch die Tatsache, daß die Unternehmen heute zum Teil ihre Entscheidungen nicht mehr aus den Notwendigkeiten des Unternehmens und der wirtschaftlichen Entwicklung treffen, sondern aus Gründen der Steuerersparnis. Nicht Fortschritt, sondern Steuerersparnis ist das Leitmotiv vieler unternehmerischer Entscheidungen.

Dies scheint insbesondere dann zu gelten, wenn der sogenannte Grenzsteuersatz 50 % oder mehr beträgt. Denn Steuern — zumal so hohe — zahlt niemand gern. Man akzeptiert nicht mehr den Satz von Adam Smith: „Steuern sind für jemanden, der sie zahlt, ein Zeichen von Freiheit und nicht der Sklaverei."

Neben der Höhe der Steuersätze ist der Hauptgrund für die Belastung der Steuerpflichtigen, der Verwaltung, der Finanzgerichte und besonders des Bundesfinanzhofs, daß die Steuergesetze ständig — jährlich wiederholt — geändert werden. Eine Regierung läßt sich — wie man daran sieht — also eher das Steuer als die Steuer aus der Hand nehmen.

Bei soviel Aktionismus kann im Steuerrecht keine Ruhe und keine Stetigkeit aufkommen. Es liegt zwar auf der Hand, daß ein Fortschritt, eine bessere Verwirklichung der menschlichen Ziele nur durch Veränderung der geltenden Normen und Institutionen erreichbar ist. Andererseits steht eindeutig fest, daß die tragende Kraft des Rechtslebens in der Tradition — in der Konstanz — zu suchen ist. Dauerhaftigkeit und Stetigkeit sind also Sicherheitsfaktoren, die im Steuerrecht indessen fehlen. Die unternehmerische Planung braucht diese Stetigkeit und Klarheit. Steuervereinfachung ist daher das Gebot der Stunde. Sie ist sicher politisch nicht einfach.

Gaddum weist in seinem Buch mit Recht darauf hin, daß Steuervereinfachung politisch schwierig ist und führt aus: Wer Steuervereinfachung verspricht, sollte nicht auf Nebenkriegsschauplätze ausweichen, etwa eine Abschaffung der Salz- und Teesteuer. Der Steuerreformer darf sich auch nicht vor Interessengruppen fürchten. Er sollte dort beginnen, wo den Bürger der Schuh am meisten drückt, und das ist das Einkommen- und Lohnsteuerrecht.

IX. Steuervereinfachung — unsozial?

Die Gegner einer Steuervereinfachung haben eine schnelle Antwort bereit: Soziale Demontage. Das führt zu der Frage: Was ist eigentlich sozial? Jede Gruppe wacht eifersüchtig darüber, daß ihr Bereich als sozial gilt. Wer einmal für seinen Bereich das Prädikat sozial erworben hat, der wehrt sich dagegen, daß der soziale Gehalt von Maßnahmen wieder überprüft wird.

Gleichheit vor dem Gesetz wird in Frage gestellt, wenn die geschickten und versierten Bürger von den Steuervergünstigungen wesentlich mehr profitieren als der Durchschnittsbürger. Es stellt sich die Frage, ob das komplizierte Steuerrecht noch sozial vertretbar ist, wenn der Bürger nur mit bezahlter Hilfe vermeiden kann, daß er zuviel Steuern zahlt.

Die Kompliziertheit der Gesetzesmaterie hat unsoziale Auswirkungen, selbst dann, wenn alle Sonderregelungen, die die Kompliziertheit hervorrufen, für sich genommen sozial wären. Viele Sonderregelungen haben indes nach heutigen Maßstäben keineswegs das Prädikat sozial verdient.

IX. Steuervereinfachung — unsozial?

Deshalb wäre eine Reform im Ansatz verfehlt, die nur einige besonders unsoziale Fälle herauspickt und die übrigen Vergünstigungen bestehen läßt. Durch eine solche Reform würde das System der Einkommensteuer wahrscheinlich noch einseitiger und ungerechter als zur Zeit.

Denjenigen, die das bestehende Einkommensteuerrecht als sozial verteidigen, stellt Gaddum folgende Fragen:

1. Ist es sozial, daß die Einkunftsarten in der Praxis ungleichmäßig erfaßt werden, die Zinsen beispielsweise nur zu etwa 20 %, die Renten zu etwa 20 %, die Löhne aber zu 100 %?
2. Ist es sozial, wenn die Landwirtschaft das Einkommen höchst unterschiedlich ermittelt, und deshalb Steuervergünstigungen weitgehend von Zufälligkeiten abhängen?
3. Ist es sozial, wenn ein Arbeitnehmer, der arbeitet, sich wegen der Steuern und Abgaben schlechter stellen kann, als wenn er nicht arbeitet und deshalb steuerfrei ist?

   Die Sozialhilfe für eine mittellose städtische Familie mit 2 Kindern (10 und 16 Jahre) beträgt pro Jahr — steuer- und abgabefrei — 29.868,— DM.

   Nach Abzug von 1.800,— DM steuerfreies jährliches Kindergeld müßte ein arbeitender Familienvater in der Steuerklasse III/2 von den restlichen 28.068,— DM noch 7.687,— DM bezahlen.

   Der Sozialhilfebetrag entspricht im übrigen in Steuerklasse III/2 einem jährlichen Bruttogehalt von 40.864,— DM und damit nahezu dem durchschnittlichen Bruttoverdienst aller kaufmännischen Angestellten in Industrie und Handel der Bundesrepublik Deutschland.
4. Ist es sozial, wenn ein Unternehmer mit hohen Einkünften, der nebenbei Geschäftsführer einer GmbH ist, die typischen Arbeitnehmervergünstigungen erhält, nicht aber der kleine Einzelhändler oder selbständige Handwerker?
5. Ist es sozial, wenn der Weihnachts- und Arbeitnehmerfreibetrag einen Minister mit 493 DM begünstigt, seinen Chauffeur aber nur mit 193 DM?
6. Ist es sozial, wenn der § 6b EStG, der einst zur Förderung der Mobilität und Produktivität mittelständischer Unternehmen

gedacht war, auch dazu benutzt werden kann, riesige Gewinne aus Unternehmensverkäufen um das Finanzamt herumzuleiten?

7. Ist es sozial, wenn derjenige, der Ersparnisse im eigenen Betrieb investiert und Arbeitsplätze schafft, steuerlich benachteiligt wird gegenüber demjenigen, der die Ersparnisse zu einer Lebensversicherung trägt?

8. Ist es sozial, wenn heute nur der Vermögende Einkünfte auf Kinder verteilen und dadurch Steuern sparen kann?

Gemeinsam ist diesen Fragen nur die Antwort. Sie lautet: Das ist nicht sozial.

Die Liste der unsozialen Gesetzestatbestände ließe sich beliebig verlängern, aber immer geht es um folgende grundsätzliche Kritik:

— Soziale Hilfen dürfen nicht bei der einzelnen Einkunftsart — z. B. Landwirtschaft, Gewerbebetrieb —, sondern nur bei der Höhe des gesamten Einkommens ansetzen.

— Steuervergünstigungen dürfen nicht an dafür ungeeignete Rechtsbegriffe, wie z. B. den des Arbeitnehmers anknüpfen. Bundeskanzler, Minister, Gerichtspräsidenten, Verbandspräsidenten, Gewerkschaftsführer und die Vorstandsvorsitzenden der großen Aktiengesellschaften sind steuerrechtlich Arbeitnehmer und werden zu Sozialfällen gestempelt, wenn man weiterhin soziale Vergünstigungen an den steuerrechtlichen Arbeitnehmerbegriff knüpft. Dagegen ist der kleine Einzelhändler oder Handwerker mit einem Bruchteil des Einkommens dieser Personen Unternehmer und wird deshalb nicht in gleichem Maß als sozial schutzwürdig behandelt.

— Die Inanspruchnahme von Steuervergünstigungen darf nicht in erster Linie vom Informationsstand und von der Dicke des Geldbeutels abhängen.

— Vermögens-, wohnungs-, agrarpolitische und andere spezielle Ziele haben nichts im Einkommensteuerrecht zu suchen, weil sie nicht zu einer leistungsgerechten Besteuerung durch eine progressiven Tarif passen.

— Familien mit Kindern dürfen steuerlich nicht benachteiligt werden.

Es geht nicht darum, die Frau ins Haus zurückzudrängen, sondern es geht darum, der Frau die freie Entscheidung zu lassen, ob sie im Berufsleben außerhalb des Hauses arbeiten oder ob sie ihre Arbeitskraft dem Hause und den Kindern widmen will. Wer sich heute für die Hausfrau entscheidet, entscheidet sich für den sozialen Notstand.

X. Durch Vereinfachung zu mehr Gerechtigkeit

Ein Steuerreform-Entwurf, und einen solchen habe ich einmal als Ministerialbeamter in Rheinland-Pfalz erstellt, muß aufzeigen, wie der Umfang des Einkommensteuergesetzes, der Richtlinien, der Formulare und wie die Anzahl der Steuerklassen und Steuertabellen beträchtlich reduziert werden kann. Durch Vereinfachungen kann das Einkommensteuergesetz um zwei Drittel seines bisherigen Umfangs gekürzt werden. Das Ziel einer Steuerreform würde verfehlt, wenn die Mittel, die für eine Steuerreform vorhanden sind, nur zur Steuersenkung verwendet werden würden, ohne daß die Komplizierung beseitigt würde.

Durch die gleichmäßige und vollständige Erfassung aller Einkunftsarten wird eine größere Gerechtigkeit erreicht. Gleichzeitig können die Mängel an Abstimmung zwischen Sozialleistungen und Netto-Arbeitseinkommen abgebaut werden. Grundsätzlich darf derjenige, der das Sozialprodukt erwirtschaftet, materiell nicht schlechter gestellt werden als derjenige, der es nur verbraucht.

Die Einbeziehung von Sozialeinkommen in die Steuerpflicht ist selbstverständlich nur vertretbar, wenn die Grundfreibeträge so bemessen sind, daß sie das Existenzminimum absichern. Wie in Frankreich muß auch das selbsterwirtschaftete Einkommen in Höhe der Sozialhilfe steuerfrei sein. Wen die steuerliche Erfassung von Sozialeinkommen schockiert, der gibt nur zu erkennen, daß er die heutigen Grundfreibeträge für nicht ausreichend hält, um das Existenzminimum zu sichern.

XI. Besteuerung nach der Leistungsfähigkeit

Oberster Grundsatz des Steuerrechts muß wieder die Besteuerung nach der Leistungsfähigkeit werden. Dann hören die Klagen über eine zu hohe Besteuerung auf.

Die Streichung von bisherigen Steuervergünstigungen vereinfacht nicht nur das Steuerrecht, sondern ermöglicht auch eine grundlegende Steuerreform. Der Steuertarif soll wieder, wie die Koalition beschlossen hat, zur tragenden Säule des Steuersystems werden. Tragen kann diese Säule aber nur, wie Gaddum sagt, wenn erstens alle Bruchstellen des gegenwärtigen Steuertarifs beseitigt werden — das ist beschlossen — und wenn zweitens aller unnötige Ballast des Steuerrechts abgeworfen wird. Der Beschluß darüber steht noch aus. Ein solcher Ballast ist die komplizierte und unsystematische Ermittlung des steuerpflichtigen Einkommens.

Das Leistungsfähigkeitsprinzip setzt voraus, daß diejenigen Einkommensteile steuerfrei bleiben, die der Bürger zur Deckung seines Grundbedarfs benötigt. Das Leistungsfähigkeitsprinzip setzt außerdem voraus, daß den Bürgern ein relativ großes Opfer abverlangt wird. Dies muß mittels progressiven Tarifs und Splittingverfahrens angestrebt werden. Ehegattenfreibeträge und Kinderfreibeträge sind nur die zweitbeste Lösung.

Noch nie war der Zeitpunkt für eine solche Reform so günstig wie heute. Nach der Koalitionsvereinbarung beabsichtigen die Bundesregierung und die sie tragenden Parteien im Bundestag hierüber in den kommenden Wochen und Monaten zu verhandeln und einen Gesetzentwurf zu erarbeiten.

Die beschlossenen Entlastungen enthalten auch genügend steuerliche Entlastungsmaßnahmen für die Wirtschaft und sollten nicht durch Drängen auf weitere Entlastungen gefährdet werden. Die Wirtschaft sollte darauf bestehen, daß die Gewerbesteuer, die Vermögensteuer und die Erbschaftsteuer weiter auf dem Tisch bleiben. Man kann sich auch darüber unterhalten, ob man die Vollanrechnung bei der Körperschaftsteuer beläßt oder ein Teilanrechnungsverfahren mit weiterer Entlastung des thesaurierten Gewinns oder das sogenannte klassische Körperschaftsteuerrecht einführt. Man kann nur nicht einseitig auf die Belastung des thesaurierten Gewinns

XI. Besteuerung nach der Leistungsfähigkeit

sehen, die volle Entlastung des ausgeschütteten Gewinns für Inländer aber verschweigen. Eine Reform des Körperschaftsteuerrechts darf um der Solidität der Staatsfinanzen willen zu keinen weiteren Ausfällen führen. Kein Land der Welt hat eine geringere Belastung des körperschaftsteuerlichen Gewinns als die Bundesrepublik Deutschland, wenn man die Vollanrechnung berücksichtigt.

Abschließend darf ich sagen, ich bin der Meinung, daß wir mit den Koalitionsbeschlüssen zur Steuerreform auf dem richtigen Weg sind und daß wir die Chance haben, aus dem Steuerdschungel herauszukommen.

Anlage 1: Steuern in vH des Bruttosozialprodukts zu Marktpreisen[1]

Staaten	Steuern in vH des Bruttosozialprodukts							
	1965	1970	1975	1980	1981	1982	1983	1984	1985
Bundesrepublik Deutschland	23,0	22,8	23,5	24,6	24,0	23,7	23,7	23,6	23,8
Belgien	21,1	24,1	26,7	30,1	30,5	32,1	32,2	31,5	32,1
Dänemark	27,9	38,4	39,8	45,4	45,0	44,3	45,5	47,8	49,2
Frankreich	24,2	23,4	22,1	24,2	24,5	25,0	25,4	25,7	25,1
Griechenland	15,0	.	17,9	18,3	18,7	21,2	20,7	21,6	23,1
Großbritannien	25,2	32,5	29,6	30,9	32,4	32,8	30,8	31,1	31,0
Irland	23,8	27,8	27,6	31,6	33,2	35,0	36,1	37,8	35,6
Italien	19,2	22,2	19,5	21,1	22,8	23,4	24,9	26,6	26,7
Japan	.	16,2	15,7	17,6	19,0	19,1	19,7	18,8	19,5
Kanada	24,5	.	29,6	31,1	31,7	32,4	30,1	30,1	30,8
Luxemburg	.	23,9	26,1	26,4	26,6	26,3	28,0	26,8	.
Niederlande	22,8	23,6	27,9	29,9	26,9	26,6	25,9	25,6	24,8
Norwegen	28,1	29,8	29,6	38,2	38,1	37,4	36,3	35,8	36,0
Österreich	27,8	23,7	23,8	25,1	28,5	27,0	26,7	27,7	28,0
Portugal	.	.	.	21,6	22,6	23,4	25,6	24,5	23,3
Schweden	32,8	31,8	35,0	35,5	36,8	37,2	38,9	39,0	39,1
Schweiz	16,1	18,3	20,1	20,1	19,8	20,1	20,3	20,6	20,5
Spanien	10,6	.	10,3	12,5	13,2	13,8	15,2	16,7	17,3
USA	22,7	23,4	21,7	24,1	24,4	23,5	23,0	22,6	22,5

1) In haushaltsrechtlicher Abgrenzung; 1985 z. T. Schätzungen.

Anlage 2: Steuern und Sozialversicherungsbeiträge in vH des Bruttosozialprodukts zu Marktpreisen[1]

Staaten	Steuern und Sozialabgaben in vH des Bruttosozialprodukts							
	1965	1970	1975	1980	1981	1982	1983	1984	1985
Bundesrepublik Deutschland	32,8	34,4	38,4	40,1	40,1	40,2	39,7	39,7	39,9
Belgien	29,7	34,4	39,1	42,7	43,3	44,9	45,8	45,7	47,0
Dänemark	29,8	40,2	40,3	46,4	46,1	45,7	47,1	49,7	51,2
Frankreich	38,4	38,4	37,3	42,5	42,7	43,8	44,6	45,4	44,6
Griechenland	20,6	.	24,6	26,9	28,5	31,5	31,0	32,1	34,1
Großbritannien	30,0	37,7	36,2	37,1	38,8	39,5	37,5	38,0	37,8
Irland	25,4	30,4	32,2	36,9	38,8	40,5	41,4	43,7	42,1
Italien	29,6	35,4	32,3	33,4	35,3	35,9	38,0	39,8	41,2
Japan	.	20,1	20,9	25,3	27,1	27,4	27,7	26,9	27,5
Kanada	25,9	.	32,9	34,8	35,8	36,5	34,6	35,5	36,0
Luxemburg	.	34,8	37,3	37,4	36,9	36,7	37,5	35,5	.
Niederlande	34,1	37,2	46,0	48,9	45,2	45,6	47,1	45,7	45,2
Norwegen	34,9	39,0	42,6	50,0	49,7	49,6	46,2	47,2	47,3
Österreich	35,3	34,9	36,2	40,5	42,1	40,0	40,0	41,3	41,7
Portugal	.	.	.	30,7	32,0	32,7	34,6	33,1	30,3
Schweden	39,0	39,5	44,0	50,3	52,1	51,4	53,0	52,7	52,1
Schweiz	20,9	24,7	28,9	29,1	28,5	28,9	29,6	30,4	30,0
Spanien	14,7	.	19,6	24,5	25,5	25,7	27,6	29,7	30,2
USA	28,1	29,2	28,9	31,8	31,4	31,7	31,3	31,0	30,9

1) Steuerquote in haushaltsrechtlicher Abgrenzung; Sozialversicherungsbeiträge in der Abgrenzung der volkswirtschaftlichen Gesamtrechnung. 1985 z.T. Schätzungen.

Entnommen: BfM Finanzbericht 1987.

Anlage 3: Kennzahlen der Einkommensteuertarife 1986[1]

Land	Allgemeiner Freibetrag[2] — DM —	Eingangssteuersatz	bis zu DM	Spitzensteuersatz	ab DM	Grenzsteuersatz bei Einkommen von DM	
						50.000	100.000
Bundesrepublik Deutschland	4.536	22	18.035	56	130.031	45,9	53,5
Frankreich	4.900	5	5.122	65	75.691	50	65
Großbritannien	7.435	29	54.765	60,2	131.181	30	50
Italien	1.397[3]	26,3	8.734	68,2	873.420	44,7	50,6
Niederlande	6.507	16	8.486	72	202.412	52	67
Schweiz	4.232	5,9	28.658	42,4	512.209	24,9	37,4
Österreich	3.454[3]	21	7.112	62	213.345	55	58
Schweden	2.375	34	21.375	80	106.876	65	75
Japan	3.358	15	2.583	88	1.033.200	34	44
USA	5.384	13,6	2.171	58,8	191.617	38,9	52,3

[1] Jeweils lediger Steuerzahler.
[2] Teilweise als Nullzone im Tarif, teilweise als Abzug von der Bemessungsgrundlage.
[3] Italien und Österreich gewähren einen Abzug von der Steuerschuld, der hier aus Gründen der Vergleichbarkeit in eine Nullzone im Tarif umgerechnet ist.

Quelle: BMF und IW-Berechnungen.

Anlage 4: Staatsausgaben in Prozent des Bruttosozialproduktes
(in Klammern die Zahlen für 1970)

1. Schweden .... 59,0 % (38,6 %)
2. Niederlande .... 57,0 % (40,7 %)
3. Italien .... 52,2 % (34,3 %)
4. Belgien .... 50,4 % (33,5 %)
5. Österreich .... 49,0 % (38,3 %)
6. Bundesrepublik Deutschland .... 47,2 % (36,7 %)
7. Frankreich .... 44,5 % (38,5 %)
8. Großbritannien .... 43,0 % (35,4 %)
9. Kanada .... 39,3 % (30,1 %)
10. USA .... 32,0 % (29,1 %)
11. Japan .... 30,5 % (19,4 %)
12. Schweiz .... 29,9 % (10,1 %)

Entnommen: Unternehmer, 35. Jg. Nr. 4, April 1987, S. 11.

Anlage 5: Sonderabgaben

Kohlepfennig .... 2400 Mio. DM
Berufsgenossenschaftlicher Ausgleich .... 900 Mio. DM
Zuckerabgabe (Produktion/Lagerkosten) .... 699 Mio. DM
Ölpfennig .... 580 Mio. DM
Winterbau-Umlage .... 570 Mio. DM
Insolvenzkassenabgabe .... 540 Mio. DM
Konkursausfallgeld-Pauschale .... 520 Mio. DM
Milchabgabe .... 392 Mio. DM
Abwasserabgabe .... 373 Mio. DM
Schwerbehindertenabgabe .... 244 Mio. DM
Fehlbelegungsabgabe .... 234 Mio. DM
Getreideabgabe .... 177 Mio. DM

Zusammenfassung der Aussprache

1. Steuerreform – die notwendige große Entlastung

a) Die laufende Steuerreform ist die *größte wirtschaftspolitische Entscheidung* dieses Jahrzehnts in Deutschland. Nimmt man die bereits verwirklichten, die für 1988 beschlossenen, sowie die für 1990 und später geplanten Maßnahmen zusammen — und dies entspricht dem Konzept der christlich-liberalen Koalition — so erreicht diese Reform ein Ausmaß, welches bisher in der deutschen Abgabengeschichte ohne Beispiel ist. Angesichts der hohen Milliardenbeträge aus traditionellen Einnahmequellen, auf welche der Steuerstaat hier verzichtet, ist dies wirklich eine „große Steuerreform".

Im Vordergrund steht dabei allerdings, von Anfang an und noch immer, nicht ein Umbau des Steuersystems, sondern deutlich das *Ziel der Entlastung der Steuerpflichtigen.* Steuersystematische Veränderungen sind dagegen nicht das primäre Anliegen, insgesamt werden sie meist nur im Rahmen der infolge des erheblichen Abgabenausfalls erforderlichen Umfinanzierung der öffentlichen Haushalte diskutiert, was Anlaß zu Kritik gibt; dies ist eben keine Steuersystemreform, es ist eine Steuerentlastungsreform.

Nicht um gezielte Erleichterungen „für die Wirtschaft" geht es hier in erster Linie, spezielle Maßnahmen zur Entlastung der Betriebe stehen nicht oben an, und dies hat manche unternehmerische Erwartung enttäuscht. Deutlich liegt vielmehr der Akzent auf einer *Verminderung der Abgabenlast „für alle Bürger"* unter Gesichtspunkten, die eher allgemein der Gesellschafts-, als speziell der Wirtschaftspolitik zuzuordnen sind (Steuertarifkorrekturen bei den „mittleren Einkommen", familienpolitische Gesichtspunkte). „Was bringt die Steuerreform den Unternehmen?" — dieses Thema darf daher nicht auf unternehmensspezifische Regelungen oder auch nur Auswirkungen der Reform verengt werden. Einzubeziehen sind auch die Entwicklungen des Datenrahmens der Unternehmenspolitik, welche auf solche Weise eingeleitet werden.

Entscheidungen einer derartigen Größenordnung erfordern bei den für die Finanzpolitik Verantwortlichen einen *politischen Mut*, der offensichtlich manchmal nur schwer aufzubringen ist; von der zwar entlasteten, aber auch wieder betroffenen und vielfach enttäuschten Wirtschaft muß eine gesamtwirtschaftliche Betrachtung verlangt werden, die über betriebswirtschaftliches Denken hinausreicht. Nur dann werden die Beteiligten der „psychologischen Dimension" gerecht, in welcher diese Steuerreform angelegt ist. Daß sie gerade jetzt wieder intensiv diskutiert wird, ist besser, als sie über weitere drei oder mehr Jahre hinweg zu zerreden; denn dies ist das einzige — darüber besteht Konsens — was eine so große Anstrengung nicht verdient.

b) *Steuerentlastung war dringend nötig*, ja überfällig in der Bundesrepublik Deutschland — dagegen erhebt sich nirgends Widerspruch — um die *Wettbewerbsfähigkeit der Wirtschaft* zu sichern, gegenüber immer schärferer ausländischer Konkurrenz. Vergleiche der globalen deutschen Abgabenquote mit der in anderen Industrieländern zeigen zwar die Bundesrepublik Deutschland im Mittelfeld; übertroffen werden aber ihre Belastungen vor allem von kleineren, etwa skandinavischen Konkurrenzländern, während so wichtige Partner wie die USA, Großbritannien und Japan deutlich niedriger liegen. Überhaupt ist die Abgabenbelastungsquote nur sehr beschränkt aussagefähig, wird nach der *internationalen Wettbewerbsfähigkeit der Wirtschaft* gefragt. In ihr werden die Abgabenlasten der Bürger und der Unternehmen zusammengerechnet, damit aber wird nicht deutlich, welche zum Teil erheblichen Steuererleichterungen die Staaten ihren Betrieben gewähren, während sie andererseits den einzelnen unter Umständen schwer belasten. Die schwedische Wirtschaft etwa ist, infolge großzügiger Steuerabschreibungs- und Aufwendungsbestimmungen, stets konkurrenzfähig geblieben, obwohl der einzelne Bürger nahezu unerträglich belastet wurde. In Deutschland wird seit langem aus Kreisen der Wirtschaft mit Nachdruck auf Verzerrungen im außenwirtschaftlichen Wettbewerb hingewiesen. Angesichts der hohen Exportabhängigkeit der deutschen Wirtschaft ist dies ein Problem nationaler Existenz.

c) Besonders deutlich werden solche steuerbedingten Gefahren für die Wettbewerbsfähigkeit der deutschen Wirtschaft überhaupt, nicht nur für einzelne Unternehmen, betrachtet man die *Abgabenbe-*

lastung ausländischer Investoren in der Bundesrepublik Deutschland. Die Steuer auf an Ausländer ausgeschüttete Gewinne ist hier noch immer, auch nach den bisherigen Entwicklungen der Steuerreform, etwa doppelt so hoch wie in Großbritannien. Bedenklicher noch ist, daß nach der US-Abgabenreform die dort von Ausländern abzuführenden Steuern nunmehr erheblich unter den in der Bundesrepublik Deutschland geschuldeten liegen, wo das Anrechnungssystem lediglich für inländische steuerpflichtige Investoren die Doppelbelastung vermeidet. Daher ist nicht nur zu befürchten, sondern bereits abzusehen, daß die in naher Zukunft erforderlichen erheblichen Investitionsmittel, vor allem etwa im Hochtechnologie-Bereich, nicht nach Deutschland fließen werden, was die Konkurrenzfähigkeit der deutschen Wirtschaft entscheidend herabsetzen könnte. Dies gilt umso mehr, als hier weithin nicht umkehrbare Entwicklungen ablaufen, schon wegen der dauernd erforderlichen Anschlußinvestitionen. Dennoch ist kaum zu erwarten, daß diese schwerwiegende, aber eben auch haushaltsbelastende Problematik im Rahmen der laufenden Reform befriedigend gelöst werden kann.

d) Die Steuerreform wird denn auch, aus diesen und ähnlichen Gründen, *grundsätzlich kritisiert;* hier seien die Prioritäten unrichtig gesetzt worden: *Zunächst hätte die Wirtschaft entlastet werden sollen,* vor allem in ihren zukunftsweisenden Investitionen; dann erst, nach Schaffung der nur so zu gewinnenden finanzpolitischen Manövriermasse, hätte eine Entlastung der Arbeitnehmer und schließlich der Familien folgen dürfen. Gerade der umgekehrte Weg aber sei eingeschlagen worden: Sozialpolitik vor Wirtschafts-, insbesondere vor internationaler Wettbewerbspolitik.

Immerhin werden hier neuerdings Lichtblicke politisch erkennbar. In den schwierigen Koalititonsverhandlungen um die Senkung der Spitzensteuersätze ging es um mehr als sozialpolitische Verteilungskämpfe: Die Erkenntnis, daß die Steuerbelastung ein *wirtschaftliches Standortproblem* ersten Ranges darstellt, konnte sich grundsätzlich durchsetzen. Wenn so wichtige Konkurrenten wie die USA und Holland günstigere Voraussetzungen für Investitionsbereitschaft schaffen, wenn sogar noch die sozialistische Regierung Frankreichs diesen Weg eingeschlagen hat, so muß ein Signal auch aus der Bundesrepublik Deutschland kommen: Die Belastungstendenz ist bei den Körperschaften fallend, und dies ist wohl wichtiger als der Umfang der Tariferleichterung. Und aus diesem Bewußtwerden der Wettbewerbsproblematik heraus ist dann mit der Senkung des Spitzensteuersatze der ESt auch ein zweites Signal in diese Richtung gesetzt worden — darum ging es, nicht um „Geschenke an Reiche".

Daß all dies mit „Zugeständnissen unten", bei den Grundfreibeträgen vor allem, erkauft werden mußte, bedeutet für viele mehr als einen bedauerlichen Schönheitsfehler, gerade mit Blick auf Subventionsmisere und Subventionsabbau (vgl. unten 3, 4). Sozialpolitiker wiederum bemängeln, daß das Ziel der Nichtbesteuerung des Existenzminimums noch immer nicht in greifbarer Nähe liege.

Die Kritik der Konzeptionslosigkeit gegenüber dieser Steuerreform verstummt nicht. Mag sie auch, steuertechnisch, steuersystematisch, da und dort begründet erscheinen — der große Wurf liegt in der Tarifreform —, *ein größeres Konzept* wird in dieser Entlastung großen Stils wohl doch sichtbar: *„Weniger Staat", für den Steuerbürger, aber auch für eine Wirtschaft,* deren Wettbewerbssorgen, wenn nicht beruhigt, so doch erkannt sind. Wohl hätte mancher gewünscht, daß in einem solchen Jahrhundertwerk der Blick sich klarer auf die Situationsbedingungen der Gegenwart und der schon erkennbaren Zukunft richte — auf Arbeitslosigkeit, technologische Zwänge, wirtschaftlichen Strukturwandel, demokratische Entwicklungen. Die Urheber der Reform haben demgegenüber ersichtlich auf eine globalere „Philosophie" gesetzt: auf die Regulierungskräfte von Wettbewerb und Markt, damit letztlich auf die wirtschaftliche Freiheit.

2. Steuervereinfachung als Entlastung?

a) *Steuervereinfachung ist die erste Forderung an jede Steuerreform;* vor allem gilt dies für eine so große Unternehmung, wie sie gegenwärtig abläuft. Da soll es Lücken nicht geben, aber auch keine Doppelbelastungen, einer wie immer verstandenen Leistungsfähigkeit sollte man gerecht werden. Die Vereinfachungserwartungen, gerade der Unternehmen, sind zahlreich und verständlich — von der Forderung einer Vereinheitlichung von Handels- und Steuerbilanz bis zum Abbau der komplizierenden, im weiteren Sinne „subventionierenden" Ausnahmen von der einen, gleichmäßigen Besteuerung. Immerhin kostet es etwas, wenn etwa ein Drittel der Betriebsprüfungs-Diskussionen um Bewertungsprobleme aufgrund der unterschiedlichen Bilanzen geführt werden muß; hier und in ähnlichen Fällen geht gerade auch jene Kalkulationssicherheit verloren, ohne welche die Steuerlast für die Unternehmen nur noch drückender wird.

Vereinfachung muß schließlich schon aus einem Grunde notwendig mit jeder Steuerreform erstrebt werden: Immerhin wird sie manchen tatsächlich stärker belasten müssen, vor allem aber die meisten am Ende doch enttäuschen, werden sie doch jedenfalls weniger erhalten als erwartet. Die Enttäuschungen werden wenigstens teilweise durch Vereinfachungserfolge kompensiert werden.

b) Eine hoch entwickelte, in jeder Hinsicht „hoch technisierte" *Wirtschaft verlangt ein kompliziertes Steuersystem,* nur dies vermag sich ihren strukturimmanenten Komplikationen systemgerecht anzupassen; das wird auch allgemein anerkannt. Es herrscht auch durchaus nicht Entkomplizierungseuphorie. Insbesondere wird auf das *amerikanische Beispiel* hingewiesen, das zumindest in seinen großen Linien auch für die Bundesrepublik Deutschland deutlichen Modellcharakter erlangt hat. Dort nun ist die eindrucksvolle Herabsetzung der Spitzensteuersätze mit dem Abbau zahlreicher Vergünstigungen erkauft worden, wodurch auch deutliche Vereinfachungseffekte erzielt werden konnten. Dennoch ist nicht alles übernehmenswert, teilweise ist es zu neuen Komplikationen und Unklarheiten gekommen, vom Recht der Wertberichtigungen bis zu den kleinlichen Bewirtschaftungsregelungen jenseits des Atlantik.

Steuervereinfachungen und Steuerentlastungen fallen also nicht immer zusammen, nicht selten besteht hier ein deutliches Spannungsverhältnis. Und ganz allgemein sind die zahlreichen, den Nicht-Spezialisten oft unübersichtlich erscheinenden Ausnahmeregelungen in Wahrheit ein Weg der Klarheit, der nicht zu Gunsten des Vereinfachungsstrebens einer in Wirklichkeit eher verunklarenden Steuerbegrifflichkeit verlassen werden sollte; die deutschen Regelungen zur Spekulationsfrist und, andererseits, die amerikanischen Probleme bei der Bestimmung der capital gains sind ein Beispiel.

c) Das eigentliche Problem liegt weniger in der Zahl als vielmehr in der *sachgerechten Tatbestandsbildung und -anknüpfung der Ausnahmeregelungen*. Wenn Abschreibungszeiträume der Wirtschaft als ungenügend erscheinen, Sparfreibeträge und ErbSt, angesichts der Praxis der Finanzbehörden und der Bürger, als Verstoß gegen Steuergleichheit kritisiert werden, so geht es doch nicht in erster Linie um Komplikationen, sondern um zu schwere oder geringe Belastungen.

Dennoch wird der *notwendige Zusammenhang zwischen Steuervereinfachung und Entlastung* gerade dann deutlich, wenn man in größeren, steuersystematischen Dimensionen denken will. Gelingt es, „das System als solches in Ordnung zu bringen", durch groß angelegte Beseitigung von Besteuerungsausnahmen, welche dann entscheidende Tarifsenkungen ermöglichen, so erledigen sich viele Probleme wie von selbst, welche heute, und auch bei der laufenden Steuerreform, Gesetzgeber und Verwaltung in immer neue Komplikationen drängen, nur damit „jeder das Seine" — besser: damit jeder doch irgend etwas erhält, nicht zu bezahlen braucht. *Ausrichtung auf Steuergleichheit* entkompliziert daher das Steuersystem jedenfalls dann, wenn sie in einem größeren Wurf versucht wird, und dann wirkt die Entkomplizierung auch nicht als „Belastung durch Entzug von Vergünstigungen", sondern als Entlastung von der Notwendigkeit ständiger makroökonomisch-politischer wie betriebswirtschaftlicher Versuche, „doch noch etwas für sich aus der Reform herauszuholen".

Ein in solchem Sinne entkomplizierender Steuergleichheit „neutrales Steuersystem", mit dem sich die Bundesrepublik Deutschland durchaus auch an Schweizer Vorbilder anlehnen könnte, würde sodann auch die Frage „Was bringt die Steuerreform den Unternehmen?" jedenfalls in der weiteren aufgehen lassen, was sie denn der Wirtschaft nütze — letztlich der Gemeinschaft. Solange aber weiterhin die betriebswirtschaftliche Nutzenfrage im Vordergrund steht, wird Steuervereinfachung im größten Stil nicht zu erreichen sein und daher auch nur sehr in Grenzen steuerentlastend wirken. Damit wäre bei einer großen Steuerreform eine wichtige Chance verpaßt, daß die Steuersenkung auch steuersystematisch wirken könnte.

3. Die Subventionsmisere

a) Die *Klage über die Subventionen ist allgemein*, selbst die Vertreter der Wirtschaft, die zum Teil davon lebt, stimmen ein. Allgemein kritisiert wird die Unübersichtlichkeit einer Praxis, die von der unumgänglichen und verdienten Förderung bis zum gleichheitswidrigen Staatsgeschenk reicht. Die Misere beginnt schon bei den Begriffen — was ist „Subvention", vor allem im Steuerrecht; noch nie ist das befriedigend definiert worden. Die „Subventionsberichte" haben hier wenig verbessert, eher verunklarend gewirkt. Immer häufiger wird dort begründet, warum eine Vergünstigung keine Subvention oder aus welchen Gründen sie auch als eine solche nötig sei. Für die staatlichen Förderinstanzen bieten sie oft noch die Chance, hier „Lücken der Durchschaubarkeit" des Subventionsdschungels zu schließen . . .

b) Und doch ist diese Praxis wirklich zur Misere geworden, so sehr, daß viele sich, jedenfalls verbal, bereiterklären, lieber auf solche Vergünstigungen zu verzichten. In betriebswirtschaftlicher Sicht werden Wettbewerbsverzerrungen kritisiert, doch auch in makroökonomischer Betrachtung, welche die Wirtschaft hier durchaus anstellt, erscheinen *Subventionen zunehmend als ökonomische Fehlerquellen:* Sie führen zu oft massiver Fehlallokation von Kapital, technischem Know how und von Arbeitskräften, gewisse Staatshilfen leiten bedeutende Kapitalströme einfach — in die falsche Richtung.

So sind die Subventionen heute längst *nicht mehr nur ein Problem der Haushalte, eine finanzpolitische Manövriermasse.* Selbst wenn sie als solche nicht gebraucht werden, können sie sich rasch zur Belastung der Volkswirtschaft entwickeln; besonders deutlich tritt hier der notwendige Zusammenhang der Finanz- mit der allgemeinen Wirtschaftspolitik in Erscheinung. In der Steuerreform sollten daher die Subventionen nicht nur dort kritisch betrachtet werden, wo Einnahmeausfall droht — vielleicht verschulden sie ihn gerade, als Formen falscher Wirtschaftspolitik.

c) Derselbe Konsens, welcher das allgemeine Unwerturteil über die Subventionen deckt, trägt auch bis zur grundsätzlichen *Übereinstimmung über die Zielvorstellungen bei der Vergabe* dessen, was an Staatshilfen bleiben sollte: Förderung nur im vorrangigen allgemeinen Interesse, bei denen, die es „wirklich brauchen". Als Standardbeispiel wird hier, wie kaum anders zu erwarten, die Landwirtschaft genannt. Doch es werden auch allgemeinere Zielvorstellungen der „Finanzpolitik als Wirtschaftspolitik" deutlich, etwa in der Forderung nach vor allem *investitionsstützender Förderung:* Die gegenwärtige Lage der deutschen Volkswirtschaft erfordere eine Verlagerung der Konsummöglichkeiten in eine Zukunft, in welcher mehr mit weniger Kräften produziert werden müsse, schon aus demographischen Gründen. Dies aber mündet dann rasch in die Diskussion über das nötige Ausmaß konsumorientierten Wirtschaftens. Hier aber scheiden sich bekanntlich die Geister.

4. . . . und doch kein Subventionsabbau?

a) *Subventionsabbau - niemand widerspricht dieser Forderung im Grundsatz.* Eine reine Tarifreform verdient den Namen einer Steuerreform nicht, darüber besteht seit langem Einigkeit, und das Beispiel der Vereinigten Staaten zeigt gerade in neuester Zeit, daß Tarife und Subventionen gleichzeitig neu geordnet werden müssen. Auch die Größenordnung des „an sich nötigen" Subventionsabbaus ist bereits durch politische Entscheidung festgelegt: Nahezu *20 Milliarden DM* müßten „eigentlich" auf diese Weise eingebracht werden, soll eine Entlastung von etwa 45 Milliarden DM ohne Erhöhung der MWSt oder steigende Neuverschuldung finanziert werden (dazu unten 7 und 8). Aus Gründen des föderalkommunalen Staatsaufbaus sollte hier im Bereich der Einkommensteuer-Vergünstigungen angesetzt werden, weil bei diesen direkten Steuern auch in erster Linie entlastet wird; anderenfalls könnten auftretende Fragen einer Neuverteilung des Steueraufkommens zu schwerwiegenden politischen Reibungsverlusten führen.

Nötig wäre also schon etwas wie ein „großer Subventionsschlag", doch jedermann weiß, daß er nicht nur für Verwaltung und Gerichte sehr schwer auszuführen, sondern bereits für den Steuergesetzgeber nicht leicht zu führen ist. *Zwei Methoden sind denkbar* - der Abbau von einzelnen Vergünstigungen, oder eine allgemeinere Subventionseinschränkung nach dem „Rasenmäherprinzip". Doch die Skepsis ist groß.

b) Einem *Einzelabbau von Subventionen* stehen schon viele bisherige Erfahrungen entgegen. Als die frühere Koalition an einen Subventionsberg von über 20 Milliarden DM herangehen wollte, gelang ihr ein Abbau bei der Vollblutzucht in magerer Millionenhöhe. Der Finanzminister mag „Steinbruchlisten" aufstellen und fortschreiben — kaum je hatte bisher ein Angriff auf eine Einzelposition wirklich Erfolg. Der politische Widerstand der Betroffenen wird zu oft unüberwindlich durch breite Solidarisierungen indirekt Beeinträchtigter oder derer, die sich dann auch bedroht fühlen.

Das größte Problem des gezielten Einzelabbaus liegt jedoch in den *Subventionsvorgaben der allgemeinen Politik.* Selbst wenn Wahlüberlegungen zurückgestellt werden (können) — vieles ist hier einfach „politisch tabu", wer wollte etwa an Berlin-Vergünstigungen rütteln? Dies ist vielleicht das deutlichste, aber längst nicht das einzige Beispiel, wie die ausgedehnten Regionalförderungen beweisen; und ein großer Teil des Bundesgebietes profitiert eben von seiner Zonenrandlage, welche die Lokalpolitik, und oft durchaus mit guten Gründen, eher noch ausdehnen möchte. Jede Partei, welche neben der bundespolitischen auch landespolitische Verantwortung zu tragen hat, wird hier bald regionale Schallmauern eines Subventionsabbaus erkennen müssen.

Doch die politischen Vorgaben erschöpfen sich nicht in solchen Allgemeinregelungen. Viele allgemeine Erscheinungsformen staatlicher Förderung sind schon deshalb schwer abbaubar, weil die *Subventionierungsnotwendigkeit hier seit langem und tief im allgemeinen politischen Bewußtsein verankert ist.* Dies gilt für Bereiche wie *Kohle, Stahl und Werften.* Allerdings wird auch darauf hingewiesen, hier wie vor allem bei den Regionalförderungen sei Subventionierung vielleicht global, nicht aber im einzelnen politisch tabuisiert; selbst in der Berlin-Förderung konnten Streichungen in Einzelbereichen durchaus diskutiert werden. Daß dennoch die „politische Sperre" wirkt, gewisse Größenordnungen des Subventionsabbaus schlechthin verhindert, wird nicht bestritten.

Bleiben schließlich noch wichtige Einzelförderungen, bei denen nicht nur Politik, Tradition und Wettbewerb gegen Subventionsabbau sprechen, wo vielmehr ein starker Konsens über Notwendigkeit und Berechtigung von Staatshilfen besteht, etwa im *Bereich des Bauens.* Hier wären Leistungen von nationaler Existenzbedeutung anders nicht möglich gewesen, und staatliche Konjunkturpolitik kann überdies auf solche Steuerungsmittel nicht ganz verzichten.

c) Aus all diesen Gründen kann einem *Abbau von Einzelsubventionen nur in engen Grenzen Erfolg beschieden sein;* Steuerausfälle in der Größenordnung von 20 Milliarden DM lassen sich, in bisheriger Praxis, auch nicht annähernd auf solchen Wegen kompensieren. Gelingen könnte dies allenfalls unter einer politischen Großen Koalition, oder über eine jedenfalls von breitem politischen Konsens getragene Royal Commission; vor ihren Schranken müßte jeder, der eine Subvention verteidigen wollte, auch bereit sein, entsprechendes wieder kompensatorisch einzubringen.

Solange all dies nicht in greifbarer Nähe ist, bleibt dann doch nur eine Subventionsbeschneidung nach dem „Rasenmäherprinzip"; doch keinesfalls sollte dies schematisch erfolgen. Eine tabula rasa läßt sich so sicher nicht erreichen, allenfalls ein vorsichtig-teilweises Zurückschneiden wenn nicht aller, so doch der meisten Subventionen.

5. Verbreiterung der Bemessungsgrundlagen – eine größere Lösung?

a) Streichung von Subventionen kann schon aus den erwähnten politischen Gründen kein größerer „Steuerschlag" werden, selbst nicht im Rahmen einer so bedeutenden Reform. Dem steht aber auch entgegen, daß hier im Grunde doch nur an Einzelsymptomen kuriert würde, negativ sozusagen, ohne daß eine positive systematische Lösung sichtbar wäre; sie allein aber könnte auch eine größere sein.

Weitgehender Konsens besteht darin, daß eine solche „größere Lösung" die entschlossene *Verbreiterung der Bemessungsgrundlagen* verlangt. Grundsätzlich sollte eben alles steuerpflichtig werden, was einem Steuerpflichtigen zufließt oder in seinem Einkommens-Interesse an Dritte bezahlt wird. Die Stunde der Wahrheit schlägt hier bei den *Beiträgen zur Sozialversicherung.* Hier werden die Arbeitnehmer ständig subventioniert, sie erhalten sozusagen vom Arbeitgeber einen großen Teil ihres Einkommens steuerfrei. Im Rahmen der Steuerreform wird dies, aus sozialpolitischen Gründen, kaum diskutiert, obwohl es eine laufende Subventionierung größten Ausmaßes bedeutet. Solange sie fortgesetzt wird, kann von jener *Gleichmäßigkeit der Besteuerung* nicht die Rede sein, welche allein, über ein wirklich „neutrales" Steuerrecht, zu dauernder Befriedung führen und dem ständigen Interessenkampf hektischer Steuerreformbemühungen ein Ende setzen könnte. Nur bei einer so bedeutsamen Verbreiterung der Bemessungsgrundlage wären alle Steuerbürger, wäre auch die Wirtschaft davon zu überzeugen, daß Subventionen in engsten Grenzen bleiben müssen.

Vor allem aber kann nur über einen solchen generellen Vergünstigungsabbau Finanzmasse von einer Größenordnung gewonnen werden, welche entscheidende Tarifsenkungen ermöglicht. Dies war schon früher das Ziel des *Gaddum-Planes*. Seinen Grundlinien entspricht die jüngste Steuerreform in den USA; erstaunlich ist, schon aus diesem Grunde, daß er bei der laufenden Steuerreform nicht erneut intensiv diskutiert worden ist. Dies wäre wohl ein Weg der „größeren Lösung", bis zu einer Entlastung durch einen bei 10 % beginnenden Tarif, in einer wirklichen Gleichmäßigkeit der Besteuerung.

b) *Doch auch hier gibt sich niemand Illusionen hin.* (Sozial-) Politische Vorgaben stehen auch auf diesem Wege entgegen, nur in einem politischen Kraftakt könnte er beschritten werden. In der Steuerreform läuft die Entwicklung sogar erkennbar in die Gegenrichtung: Bei der Alterssicherung werden neue Erleichterungen gewährt, die Bemessungsgrundlagen der ESt werden verengt, ohne daß darüber nachgedacht würde, ob Arbeitnehmer-Freibeträge sich nicht sogar unsozial auswirken. Das „Signal" der Unternehmensentlastung durch Senkung der Steuer-Spitzensätze mußte durch gleichzeitige Anhebung der Freibeträge erkauft werden. Immer lauter werden Forderungen nach neuen Freibeträgen erhoben, nach Beschränkungen der Steuerbemessungsgrundlagen — von Essensfreibeträgen und solchen für Jubiläumszuwendungen bis hin zu verbesserten Abschreibungssätzen. Kaum je wird dabei berücksichtigt, welche enormen Steuerausfälle diese scheinbar so unbedeutenden Vergünstigungen insgesamt zur Folge haben — Essensfreibeträge können durchaus die Staatsfinanzen gefährden.

Überwiegend wird gefordert, es sollte jedenfalls die Entlastung der Unternehmen Vorrang haben vor weiteren Freibeträgen, wenn schon die Bemessungsgrundlage der Steuern nicht wesentlich erweitert werden könne. Vertreter der Wirtschaft selbst rufen dazu auf, die Unternehmen sollten nicht immer weitere Einzelvergünstigungen fordern, die laufende Steuerreform nicht allein danach beurteilen, was sich in ihrem konkreten Fall „unter dem Strich" positiv ergebe. Sollte die Politik die größere Lösung erweiterter Bemessungsgrundlagen wagen, so kann sie vielleicht mehr als erwartet auf die Solidarität der Wirtschaft rechnen, bei der Herstellung einer interessenbefriedenden Steuergleichheit.

6. Wünsche der Wirtschaft

a) Allseits, und auch von den Vertretern der Wirtschaft, wird anerkannt, daß *die Unternehmen in letzter Zeit manche Entlastung* erfahren haben, insbesondere durch die allgemeine finanzpolitische Entwicklung. Das fast völlige *Verschwinden der Inflation* führt an sich schon, angesichts stabiler Wiederbeschaffungspreise, zu weiterer stärkerer Entlastungswirkung der steuerlichen Abschreibungsmöglichkeiten. Inflationsbedingt sind auch die Zinsen entscheidend gefallen — es gibt kaum einen wirksameren Investitionsanreiz für die Betriebe. Steuerbelastungen lassen sich auch leichter tragen, wenn ihre Bemessungsgrundlagen nicht inflationär erweitert sind.

Die *stabilitätsorientierte Finanzpolitik der öffentlichen Haushalte, insbesondere die Verschuldensrückführung beim Staat,* bringt der Wirtschaft erheblichen Nutzen. Die staatlichen Kreditaufnahme-Instanzen sind es ja, welche weitgehend die Zinsen diktieren. Ihr (relativ) abnehmender Bedarf hat den Unternehmen die Kapitalnachfrage erleichtert. „Weniger Staat" bedeutet hier eben „Mehr für die Wirtschaft".

Nicht zuletzt aber kommt der *Progressionsabbau durch die Steuerreform* den Unternehmen auch mittelbar, aber durchaus fühlbar zugute: Sie sehen sich dadurch mit weniger hohen Lohnforderungen belastet. Die Gewerkschaften pflegen ja ihre Forderungen, neben der Inflationsquote, auch noch an den Steuerbelastungen der Arbeitnehmer auszurichten, sie können ohne Gesichtsverlust Zurückhaltung üben, wenn der Progressionsdruck für breite Kreise nachläßt.

b) Daß damit *nicht alle Erwartungen der Wirtschaft an die Steuerreform befriedigt sind,* verwundert nicht. Ihre Vertreter rechnen nach und finden, daß die bisherigen Steuerentlastungen den Unternehmen nur zum geringsten Teil unmittelbar zugute kommen, etwa bei der Senkung der Spitzensteuersätze. Überdies seien gewisse Vergünstigungen nur sektoral, etwa im Stahlbereich, zum Tragen gekommen, oder in mittelstandsfördernder Differenzierung nach Betriebsgrößen.

So werden denn unverändert die bekannten Forderungen nach Abschaffung der ertragsunabhängigen Abgaben (GewSt, VSt) erhoben; auch wenn dies nicht sogleich erreichbar sei — die „große Steuerreform" dürfe nicht auslaufen, ohne daß diese Entlastungen durchgesetzt würden.

Auch die *Vereinfachungserwartungen der Wirtschaft* (vgl. dazu oben 2) sind längst nicht durch die Steuerreform erfüllt worden, etwa der Übergang zur Einheitsbewertung im Bilanzrecht. Und daneben steht noch ein Katalog von Einzelwünschen — von günstigeren Abschreibungssätzen, entsprechend den Regelungen in Konkurrenzländern, bis hin zu einer Senkung des KSt-Höchstsatzes auch für öffentlich-rechtliche Unternehmen, die hier nicht allein leer ausgehen wollen.

Die Berechtigung dieser Anliegen wird nicht grundsätzlich bestritten, man weist jedoch auf die zum Teil erheblichen zusätzlichen Belastungen hin, welche dies den staatlichen Haushalten zumuten müßte. Die „Bilanzvereinheitlichung" kostet den Staat wohl wieder einen Milliardenbetrag, und ein Abbau der GewSt ist in Zeiten eines hohen Handelsbilanz-Überschusses problematisch, weil die Steuerausfälle dann nicht durch eine Umsatzsteuer kompensiert werden können, welche bei der Ausfuhr zu erstatten wäre; jedenfalls müßte hier mit den Protesten der ausländischen Handelspartner gegen die Minderbelastung der deutschen Unternehmen gerechnet werden.

Immerhin — all diese Wünsche der Wirtschaft werden durchaus zurückhaltend vorgetragen. Sie will ersichtlich die große Steuerreform nicht zerreden oder überfrachten. Und es ist ihren Vertretern bewußt, daß die groß angelegte Steuerentlastung schwierige Kompensationsprobleme für die staatlichen Haushalte aufwirft; sie sollen gewiß nicht durch überzogene Forderungen unlösbar werden.

7. *Finanzierung der Reform durch indirekte Steuern?*

Das Kolloquium fand gerade zu einem Zeitpunkt statt, zu dem — wieder einmal — die *Finanzierbarkeit der Steuerreform* in der Öffentlichkeit eingehend diskutiert wurde, insbesondere die „Reservewaffe" einer Erhöhung der MWSt im Mittelpunkt der Auseinandersetzungen stand. Dieses Thema beschäftigte naturgemäß auch die Teilnehmer. Die Vertreter der Wirtschaft hielten sich hier zurück, obwohl die traditionelle Skepsis gegen die Erhöhung einer Abgabe, deren Abwälzbarkeit stets umstritten war, deutlich zu fühlen war.

a) *Eine Anhebung der indirekten Steuer findet nicht wenige Befürworter.* Sie sehen darin nicht nur ein bequemes Mittel der Kompensation für die umfangreichen Entlastungen; eine große Steuerreform erscheint ihnen vielmehr als ein willkommener Anlaß, diesen an sich richtigen Weg zu gehen. Seit langem habe sich die deutsche Finanzwissenschaft allzusehr auf das Dogma festgelegt, indirekte Steuern seien mit dem Grundsatz der Leistungsfähigkeit nicht zu vereinbaren. Nicht zuletzt deshalb sei es im Verlaufe dieses Jahrhunderts zu einem immer stärkeren Überhang der direkten Steuern gekommen, während sich diese früher in einem ausgewogenen Verhältnis mit den Belastungen aus der Umsatzsteuer befunden hätten. Jene „*Leistungsfähigkeit*" aber, welche man auch heute gegen eine Anhebung der indirekten Steuer ins Feld führe, habe man nie befriedigend definieren können, nicht selten verdecke sie nur ein sonst schwer zu rechtfertigendes Egalisierungsstreben, heute werde sie zunehmend kritisiert und als „große Steuerbegründung" zunehmend fragwürdig. Umgekehrt ließen sich auch die indirekten Steuern durchaus als Ausdruck einer Steuergerechtigkeit begreifen, zumal in einer Marktwirtschaft, wenn man hier nicht einseitige sozialpolitische Überlegungen anstelle.

Eine Begründung für verstärkte Mehrwertbesteuerung wird insbesondere in den *gewandelten Staatsaufgaben* gefunden: Immer mehr erbringe heute der Service-Staat den Bürgern Vorleistungen, welche als Gemeinkosten der Wirtschaft über indirekte Steuern am besten zugerechnet werden könnten.

Vor allem aber sind es wirtschaftspolitische Überlegungen, welche zu Gunsten einer höheren Belastung mit indirekten Steuern angestellt werden: Gerade jetzt gelte es, einen Anreiz für Investitionen zu schaffen, deshalb müßten die direkten Steuerbelastungen abgebaut werden. Der gegenwärtige Konsum müsse belastet werden, nicht der zukünftige. Gerade dies letztere aber geschehe, wenn von einer Erhöhung der MWSt abgesehen werde, darum werde man eben doch den Weg der zukunftsbelastenden Höherverschuldung des Staates beschreiten müssen.

b) *Gegen eine Anhebung der indirekten Steuer* werden nicht so sehr grundsätzliche Argumente der Finanz- und Wirtschaftspolitik, als vielmehr vor allem solche der praktischen Durchführbarkeit angeführt, die sich insbesondere aus der außenhandelspolitischen Lage der Bundesrepublik Deutschland ergäben. Denn eine Kompensation größeren Stiles für die Steuerausfälle der laufenden Reformen können die staatlichen Haushalte nur in einer Erhöhung der MWSt finden; bei einem Gesamtaufkommen im Bereich von 40 Milliarden DM ist das Volumen der anderen indirekten Abgaben dafür zu gering.

Angesichts der Haushaltsbilanzüberschüsse der Bundesrepublik Deutschland würde eine Erhöhung der bei Ausfuhr erstattungsfähigen MWSt von anderen Partnern wohl als eine ungerechtfertigte Stütze der deutschen Unternehmen kritisiert werden. Innerhalb der EG eröffnet sich zwar der deutschen Staatsgewalt ein gewisser Handlungsspielraum zur Erhöhung der MWSt, es wird jedoch nachdrücklich davor gewarnt, dies zu überschätzen. Bemerkenswert sei doch die Zurückhaltung der Finanzverantwortlichen der Mitgliedsstaaten — kein Minister habe es bisher gewagt, dieses hochpolitische Problem ernsthaft anzupacken. Eine „hochpolitische" Frage ist die Erhöhung der direkten Abgaben wohl auch noch in einem anderen Sinn: In einem auf Einkommensteuer gestützten System ist die „Expertenmacht", vor allem in den Ministerien, weit größer als bei der „sich weithin selbst steuernden" MWSt, dort gibt es viel zu entscheiden, in Belastung und Vergünstigung, hier nicht; wird die Staatsgewalt bereit sein, auf das „Herrschaftsinstrumentarium" der direkten Steuern auch nur teilweise zu verzichten?

Ob es also, im Zuge der umfangreichen Entlastungen, zu einem groß angelegten „Umbau des Steuersystems" kommen wird, wie er bereits vor vielen Jahren diskutiert worden ist, erscheint doch recht zweifelhaft.

8. Oder Finanzierung durch Neuverschuldung?

Wenn eine Kompensation der Steuerausfälle, welche die Steuerreform bringt, nicht oder nur in engen Grenzen über erhöhte indirekte Steuern erfolgt, so bleibt letztlich nur ein Weg: in eine *Erhöhung der Neuverschuldung der öffentlichen Hände*. Gerade jetzt wird diese Alternative in der allgemeinen Diskussion deutlich, und vielen erscheint solche Neuverschuldung doch nicht (mehr) als ein wirtschaftspolitischer Sündenfall — während andere (vgl. oben 7) warnen, daß hier eine Zukunft belastet werde, in welcher erhöhte Produktivität gefordert sei, schon mit Blick auf die Bevölkerungsentwicklung.

a) *Erhöhte Schuldenaufnahme*, so meinen manche, *ist gerade heute durchaus möglich.* Voraussetzung ist allerdings, daß das Bruttosozialprodukt mindestens entsprechend ansteigt. Die erheblichen Steuerentlastungsauswirkungen würden doch in erster Linie zu verstärkter Anlagebereitschaft im Inland führen. Dies müsse sich zinssenkend auswirken und begünstige damit auch eine öffentliche Hand, welche ja auch immer mehr als Zinsführerin auftrete. „Mehr Schulden" könne man sich eben, unter diesen Umständen, bis zu einem gewissen Grade, durchaus „leisten". Solange schließlich der Inflationstrend gebrochen bleibe, werde die Zinshöhe ohnehin nicht mehr zu den früheren, schwer erträglichen Belastungen der Staatshaushalte führen — ein weiteres Argument gegen allzu große Sorgen vor erhöhter Neuverschuldung.

b) Doch es werden nicht nur Gründe dafür genannt, daß dieser Weg heute möglich ist, ohne allzu große gesamtwirtschaftliche Risiken beschritten werden kann; bis zu einem gewissen Grade sei dies sogar ein *Gebot heutiger Wirtschaftspolitik.* Der hohe Außenbeitrag der Bundesrepublik Deutschland lasse sich nicht auf Dauer halten, ohne daß gefährliche Reaktionen der Finanzmärkte und anderer Handelspartner zu befürchten seien: Die Wechselkurse müßten sich exportungünstig entwickeln, Schutzzölle drohten vielerorts, und es werde bei so hohem Außenbeitrag auch kein nennenswerter Kapitalexport mehr stattfinden können. Für die in besonders hohem Maße exportorientierte deutsche Wirtschaft könnten sich daraus unerträgliche Belastungen ergeben.

Angesichts solcher Gefährdungen müsse die Abwägung — in Grenzen — zu Gunsten einer erhöhten Neuverschuldung ausfallen. Wenigstens vorübergehend würde damit der Außenbeitrag sinken, und mehr als vorübergehend würden sich ja auch etwaige Folgen höherer Zinsen nicht auswirken; von einer langfristigen Belastung der wirtschaftspolitischen Zukunft könne keine Rede sein.

Schon deshalb aber sei Neuverschuldung der bessere Weg gegenüber einer Anhebung des Mehrwertsteuer-Satzes; jene Erfolge immer nur in kurzfristiger Entscheidung, diese irreversibel, in langfristig wirkender Automatik. Wer „weniger Staat" wünsche, werde sich eher für höhere Staatsverschuldung entscheiden, denn eine in Schulden gefesselte Staatsgewalt unterliege weit weniger den Versuchungen eines wirtschaftspolitischen Aktionismus. So schwer es auch sei, die indirekten Steuern anzuheben — sei dies einmal in Bewegung gekommen, so gebe es hier kaum ein Halten mehr, vor allem dann aber auch nicht für immer weitere staatliche Ausgabenbegehrlichkeiten. Eine solche gefährliche Spirale werde die Neuverschuldung nicht bringen, die eher den Staat in seine Grenzen weise.

Zurückhaltung bei der Neuverschuldung wird allseits empfohlen. Doch ihre mäßige Erhöhung ist nicht (mehr) ein wirtschaftspolitisches Tabu.

9. Entlastung auch ohne Ausgleich?

„Wie soll die Steuerreform finanziert werden, welche Kompensation erhält der Staatshaushalt für die Steuerausfälle, welche die Entlastungen bringen?" Diese „klassischen" Fragen an alle Steuerreformen werden auch heute gestellt — und doch geschieht dies nicht (mehr) mit einer Strenge, welche zugleich und um jeden Preis die voll befriedigende Antwort erwartet.

a) Der größte Teil der steuerlichen Entlastung wird dem Bürger mit der Begründung gewährt, es würden ihm hier nur die umfangreichen *„heimlichen" Steuererhöhungen zurückgegeben*, zu welchen es in vergangenen Jahren aus Gründen der Inflation, in Verbindung mit einer nicht mehr zu rechtfertigenden Steuertarifgestaltung gekommen sei. Die Größenordnung solcher Rückerstattung, der ja eine Kompensation begrifflich nicht gegenüber zu stehen braucht, läßt sich allerdings kaum exakt bestimmen; sie wird durch eine politische Entscheidung festgesetzt, vielleicht nur „gegriffen". Immerhin schafft dies bereits einen veränderten Diskussionsraum für Kompensationsüberlegungen — wenn die Steuerreform eine politische Entscheidung ist, nicht eine solche des sofortigen kaufmännischen Finanzausgleichs, so muß sie wohl auch den Mut zur Entlastung ohne sofortige, rechenbare Kompensation aufbringen.

b) Äußerungen aus der Führungsspitze der Koalition wird also grundsätzlich nicht widersprochen, welche die große Entlastung auch dann fordern, wenn zunächst ein Kompensationsdefizit in der Größenordnung von bis zu 10 Milliarden DM hinzunehmen sei. Darin mag der politische Wille einer „*Steuerreform um jeden Preis*" sich durchsetzen, und es besteht jedenfalls Übereinstimmung, daß diese große Reform nicht in dauernden Kompensationsbedenken zerredet werden darf, soll sie ihren Namen verdienen, ihre Wirkungen hervorbringen. Entlastung ohne Ausgleich? Das kann natürlich nur heute gelten; im übrigen bedeutet es einen Wechsel auf eine — eben dann doch kompensierende Zukunft.

Allzuviel über Ausgleich solle, so wird betont, schon deshalb nicht gesprochen werden, weil die Steuerreform keinesfalls an solchen Bedenken scheitern dürfe, wirtschaftspolitisch gebe es ja zu ihr keine Alternative. Wenn sie nicht erfolge, werde sich das Wachstum abschwächen, dann aber drohten Steuerausfälle, die überhaupt nicht mehr zu kompensieren seien. Durchführung der Reform auch ohne sofortige Kompensation sei dagegen schon deshalb nicht unseriös, weil dann mit einem Bruttosozialprodukt zu rechnen sei, welches schneller steigen werde als die Haushaltsbedürfnisse — dies aber müsse in absehbarer Zeit dann doch zu voller Kompensation führen.

c) Voraussetzung für diese Rechnung ist allerdings in erster Linie eine *strenge Ausgabendisziplin des Staates*, denn an sich wird ein Wachstum, welches über den Zunahmeraten der öffentlichen Haushalte liegt, schon zur Finanzierung der „Rückgabe heimlicher Steuererhöhungen" gebraucht; zusätzlich dazu müssen aber unter Umständen weitere etwa 10 Milliarden DM auf längere Sicht finanziert werden.

Vor allem dem *öffentlichen Dienst* steht also wohl in nächster Zeit ein harter Spardruck bevor, wenn Subventionsabbau nur zum Teil gelingt. Im übrigen wird man auf die nahezu inflationslose Entwicklung vertrauen müssen, welche eine höhere Neuverschuldung (vgl. oben 8) jedenfalls solange ermöglicht, wie alle diese Rechnungen nicht voll aufgehen.

d) Für die *Wirtschaft* bedeutet dies — darüber sind sich ihre Vertreter im klaren — daß *weitere, gezielte Entlastungsvergünstigungen kaum erwartet werden können,* solange die Steuerreform noch den politischen Kraftakt „Entlastung" auch ohne (sofortigen) Ausgleich verlangt. Von ihr fordert die staatliche Finanzpolitik, daß sie ihre Belastungen vor allem durch entschlossenen Widerstand an der Tariffront in Grenzen zu halten versuche, wo der Staat ja auch durch steuerliche Entlastung die Lage zu entspannen bereit sei. Höhere Löhne vereinbaren und dann nach gezielten Steuerentlastungen für die Unternehmen rufen — das sei nicht die richtige Lösung.

Gerade die Wirtschaft muß sich ja auch im klaren sein, daß es *auf Dauer* „Entlastung ohne Reform" nicht geben kann. Die Kommunen, in besonderem Maße Leidtragende einer solchen Entwicklung, würden dann ja mit Sicherheit zu massiven Erhöhungen der GewSt übergehen, welche rechtlich und politisch kaum zu verhindern wären, und den Unternehmen wirtschaftlich besonders bedenkliche Belastungen bringen müßten.

„Entlastung ohne Ausgleich" — als Beweis des politischen Mutes wird dies begrüßt, doch es muß in den Grenzen einer auf Dauer seriösen Wirtschaftspolitik bleiben und verlangt zunächst einmal Verantwortungsgefühl, wenn nicht Opferbereitschaft, bei Staat *und* Wirtschaft.

10. Der Segen der leeren Kassen

Leere Kassen werden dem Staat beschieden sein — jedenfalls auf Zeit; wie könnte dies bei einer so großen Reform anders sein? Wer entschlossen auf „weniger Staat" setzt, für den wirkt hier aber auch eine List der Vernunft: Volle Kassen machen begehrlich — die Parlamente geraten in die Euphorie der Verteilung, die Verwaltungen in die des Parkinson'schen Gesetzes. Ausgeglichener Haushalt auf Dauer — das müßte in „immer mehr Sozialisierung" notwendig enden.

Der Haushalt ist nie ausgeglichen — diese alte finanzpolitische Weisheit wirkt aus solcher Sicht beruhigend. Dies gilt schon deshalb auch heute, weil die Wünsche an die staatlichen Kassen immer und in jeder Lage größer sein werden als deren Möglichkeiten; vor leeren Kassen werden Wirtschaft und Staat, wird schließlich auch der Bürger — bescheidener.

Mit großen Steuerreformen allein sind Wahlen nicht zu gewinnen — das zeigt sich auch in unseren Tagen; hier werden ja zunächst überall Entlastungs-Begehrlichkeiten geweckt, welche mit Sicherheit nicht zu befriedigen sind, und am Ende bleibt oft noch mehr Unzufriedenheit als vorher. Nur eines wirkt dann heilsam: der Segen der leeren Kassen. An die „Mops-Theorie" eines bekannten Finanzwissenschaftlers wird hier erinnert — das Tier frißt sogleich die ganze Wurst, welche es für mehrere Tage erhält, und bellt dann nur um so lauter. In der Demokratie lassen sich Juliustürme nicht kontinuierlich verwalten.

Die Steuerreform mit ihren großen Entlastungen bringt sicher leere Kassen, sie setzt aber auch auf die Vernunft der Bescheidenheit, welche diese rufen werden.

Was bringt die Steuerreform der Wirtschaft? Eines wohl sicher: Weniger Staat.

                                        Franz Klein   Walter Leisner

Printed by Libri Plureos GmbH
in Hamburg, Germany